PETER KLOCK

Zitruspflanzen

für Wintergarten und Terrasse

68 Farbfotos
8 Zeichnungen

VERLAG EUGEN ULMER
ÖSTERREICHISCHER AGRARVERLAG

Vorwort

Sie zählen zum schmackhaftesten und gesündesten Obst, das uns von der Natur geboten wird – die vielen großen und kleinen, süßen und sauren, gelb-, orange-, rot- und grünfarbenen Zitrusfrüchte. Fast jeder mag sie, die Orangen, Zitronen, Mandarinen und Grapefruits. Die besonders ansehnlichen, immer mit etwas Besonderem aufwartenden Zitruspflanzen werden bei uns zusehends beliebter. Viele Menschen möchten sie kultivieren und sich an ihnen erfreuen, selbst die Früchte ernten.

Neu ist das nicht: Bereits im 17. Jahrhundert wurden Zitruspflanzen nicht nur am Gardasee, sondern auch nördlich der Alpen in einer Vielzahl von Arten und Sorten angebaut. Manche dieser Pflanzen sind heute nur noch aus den umfangreichen Aufzeichnungen FERRARIS und VOLKAMERS bekannt. In den vergangenen Jahrhunderten konnten sich ausschließlich Könige, Fürsten und sehr wohlhabende Kaufleute wie die Fugger aus Augsburg und die Nürnberger Gewürzhändler Zitruspflanzen leisten.

Doch heute besteht für jedermann die Möglichkeit, diese besonderen Gewächse zu kultivieren. Ob im Zimmer, im Garten, auf der Terrasse, dem Balkon oder gar im Gewächshaus oder Wintergarten. Wer die Erfordernisse zum guten Gedeihen beachtet, wird Freude an den Pflanzen haben, den angenehmen Duft ihrer auffälligen Blüten genießen und die schmackhaften Früchte ernten können. Doch einige Dinge müssen beachtet werden, denn nicht alle Arten sind gleichermaßen für die Topfkultur geeignet.

Dieses Buch beschreibt Arten, Varietäten und Sorten von Zitruspflanzen sowie einige Vertreter ihrer Verwandtschaft. Es vermittelt dem Leser darüber hinaus das nötige Basiswissen, seine Zitruspflanzen über Jahre hinweg selbst erfolgreich kultivieren zu können. Angesprochen sind auch diejenigen, die Zitruspflanzen im Freiland halten möchten. Weil es sich um praxiserprobte Ratschläge handelt, wird der Erfolg sicher nicht ausbleiben.

Der Autor dieses Buches bedankt sich bei allen, die mit Rat und Hilfe zu seiner Erstellung beigetragen haben. Besonderer Dank gilt Karel Urban, der seine sehr umfangreiche Zitrus-Sammlung zur Verfügung gestellt hat, Dr. Hartmut Balder für die Durchsicht des Manuskriptes und für seine Hinweise zum Pflanzenschutz, Dr. Michael Bohndorf für die Mitarbeit am Kapitel Krankheiten und Schädlinge, Christopher Howell für die vielen speziellen Informationen, dem Florida Department of Agriculture (F.D.A.), sowie Monika Klock für die Beschaffung von Informationen und der Durchsicht und Korrektur des Manuskriptes.

Peter Klock, Hamburg
im Frühjahr 2001

Inhaltsverzeichnis

Wissenswertes über Zitruspflanzen

ANTIKE BIS GEGENWART

Man weiß fast nichts über den Ursprung und die Herkunft der Zitruspflanzen, die zu Heil- und Zierzwecken sowie als Lieferanten gesundheitsfördernder Früchte unentbehrlich wurden. Der »Aufstieg« der Zitrusgewächse ist ebenso geheimnisvoll wie bemerkenswert.

Man kennt bis zum heutigen Tage weder die Urpflanze noch ihre Heimat. Nach Meinung vieler Forscher stammen die Pflanzen aus Südostasien, möglicherweise aus der Gegend um den Himalaja oder auch vom Malaiischen Archipel. Nach TANAKA wurde im indischen Distrikt Nowgong, Assam, die wilde Zitruspflanze *Citrus indica* gefunden, die der Wildart *Citrus latipes* aus dem Nordosten Indiens sehr ähnlich ist. Doch ist das deren wirklicher Ursprung? Und woher stammen die vielen anderen Arten?

Zitruspflanzen im Versailler Kübel (aus: „Nürnbergische Hesperides" von J. C. Volkamer, 1708

Zitruspflanzen – seit der Antike bekannt

Von »Goldenen Äpfeln« an besonders schön gewachsenen Bäumen wurde bereits in Sagen der griechischen Antike berichtet. Ausgepflanzt im Garten der Götter, bewachte Ladon, die doppelköpfige Schlange, diese Bäume Tag und Nacht. Die drei Hesperiden, nymphenverwandte, hellsingende Töchter des Atlas und der Nacht, wurden zu Hüterinnen des Baumes und der Früchte bestimmt. In dem in den Jahren 1708 bis 1714 erschienenen Werk »Nürnbergische Hesperiden« von JOHANN CHRISTOPH VOLKAMER wurden erstmals ausführlich in Wort und Bild eine Vielzahl von Zitrusgewächsen beschrieben, insbesondere die zur damaligen Zeit wohl wichtigsten Zitrusvertreter »Citronat-, Citronen- und Pomerantzen-Früchte«.

Einzigartig war die Vielzahl der vor etwa 300 Jahren kultivierten *Citrus*-Sorten, von denen in den folgenden Jahren leider viele verloren gegangen sind. Zu den ältesten Überlieferungen über die Kultur von Zitruspflanzen und deren Pflege zählt das Traktat Jean de La Quintinies (1626–1688), Generaldirektor der Obst- und Küchengärten aller königlichen Häuser im Dienste des Sonnenkönigs Ludwig XIV. Das 72-seitige Traktat erschien posthum im Jahre 1690 und diente vielen späteren Gartenautoren des 18. Jahrhunderts, die sich mit der Kultur von Zitruspflanzen intensiv beschäftigten, als verbindliche Vorlage. Inzwischen erlebt die Zitruskultur bei uns eine ungewöhnliche Renaissance. Viele Sammler sind daran interessiert, alte und neue Sorten zusammenzutragen. Erfolgreich verlief vor einigen Jahren in einer sizilianischen Baumschule der Aufbau einer aus 55 historischen Sorten bestehenden Zitrus-Sammlung. Auf der Bodenseeinsel Mainau und im Schlossgarten von Versailles hat die Sammlung inzwischen eine neue Heimat gefunden. Eine der größten Sammlungen historischer Zitruspflanzen befindet sich im Garten der Villa Castello in Florenz. Hier werden etwa 500 Exemplare in Töpfen gehalten, zum Teil sehr alte und seltene Pflanzen. Auch in den benachbarten Boboli-Gärten befinden sich über hundert weitere alte Zitrusgewächse in Töpfen. Ein Besuch dieser beiden Gärten ist besonders lohnend.

So kamen sie nach Europa

Wahrscheinlich um das Jahr 1500 haben portugiesische Seefahrer süße Arten und Sorten von Zitruspflanzen aus Indien und China mitgebracht und in Europa eingeführt. Zuvor waren alle bisher durch die Araber mitgebrachten Zitrusfrüchte sauer oder bitter. Zu den ältesten Kulturformen gehört die Zitronatzitrone, *Citrus medica*, die bei den Griechen als »persischer« oder »medischer« Apfel durch die Kriegszüge Alexanders des

Citrus medica var. *etrog* – sie fand ihre erste Erwähnung schon in der Bibel.

Großen bekannt wurde. Den Römern gelang die Kultur dieser Pflanze in Italien. Bei den Juden diente bereits früher die Varietät Etrog, *Citrus medica* var. *etrog*, zu religiösen Zwecken. »Etz hadar«, die »schönen Bäume«, von denen im 3. Buch Mose, Kapitel 23, berichtet wird, sollen *Citrus medica* gewesen sein. Die Zitronatzitrone wurde, ebenso wie die Pomeranze, *Citrus aurantium*, hauptsächlich zu medizinischen Zwecken genutzt.

Wichtiges zur Botanik

Zitruspflanzen gehören zur Familie der Rautengewächse, Rutaceae. Zu ihr zählen beispielsweise auch die Wein-

Zu Anfang des 18. Jahrhunderts wurde mit dem Begriff Orangerie auf den Vorrat fremdländischer, empfindlicher Pflanzen hingewiesen. So ist im Universallexikon von Zedler aus dem Jahre 1738 unter »Orangerie« zu lesen: »... der von Citronen, Pomerantzen und allerhand ausländischen Bäumen und Gewächsen bey einem Garten vorhandene Vorrath, welcher seiner Herkunft nach ein wärmeres Land, als das unserige, erfordert«. Später verstand man unter der Bezeichnung »Orangerie« nicht mehr nur den Pflanzenvorrat, sondern das für die Überwinterung notwendige Bauwerk. Die Pflanzen waren daher Orangeriepflanzen. Allerdings waren das nicht ausschließlich solche der (heutigen) Gattung *Citrus*; zum Inventar der Orangerien gehörten viele andere, überwiegend nicht winterharte Gewächse wie Feige, Granatapfel, Lorbeer, Rosmarin, Kirschlorbeer, Oleander und Myrten.

Im Zeitalter des Barock ließen viele Fürsten und Könige an ihre Schlösser Orangerien anbauen. In diesen mit besonderen Fenstern ausgestatteten Gebäuden wurden vor allem Pomeranzen und Zitronenbäume überwintert und kultiviert. Bald legten sich auch wohlhabende Bürger geeignete Gebäude zu, um Zitrusgewächse und andere Pflanzen aus wärmeren Gebieten zu ziehen und ihre Früchte ernten zu können. Eine der beliebtesten Pflanzen in den Orangerien war die Pomeranze, der »Goldene Apfel« (poma = Apfel, aurantium = Gold). Sie zeichnet sich nicht nur durch ihren ansprechenden Wuchs und die kräftig grünen, geflügelten Blätter aus, sondern vor allem auch durch ihre zur Reifezeit apfelgroßen, rotorangefarbenen sauren Früchte.

In Deutschland werden gegenwärtig verschiedene alte Orangerien wiederbelebt und der ehemaligen Nutzung zugeführt. Ansehnliche Orangerien befinden sich unter anderem im Schloss Sanssouci in Potsdam, im Großen Garten in Hannover, im Schloss Wörlitz sowie in der Karlsaue in Kassel.

raute, *Ruta graveolens*, die bei uns als Gewürzpflanze bekannt ist, sowie die Skimmie, *Skimmia japonica*, eine Zierpflanze. Die meisten kultivierten Zitruspflanzen gehören den Gattungen *Citrus*, *Fortunella* und *Poncirus* an. Die taxonomischen Beziehungen sowohl innerhalb der Gattung *Citrus* als auch zu eng verwandten Gattungen sind komplex und schwierig. Die Einordnung erfolgt, je nach Autor, durchaus unterschiedlich. Richten wir uns nach dem amerikanischen Botaniker und Zitrusexperten SWINGLE, so gehören nur die folgenden sechs Gattungen zur engeren Zitrusverwandtschaft: *Fortunella, Eremocitrus, Poncirus, Clymenia, Microcitrus* und *Citrus*. Innerhalb dieser Gattungen lassen sich 29 Arten unterscheiden.

Morphologie

Zitruspflanzen sind bis auf die Gattung *Poncirus* immergrün. Es handelt sich um baumartig wachsende Gehölze mit mehr oder weniger stark ausgeprägter Bedornung, die bei einigen Arten sogar ganz fehlt. Die Blätter sind oft stark, seltener wenig geflügelt, bei einigen Arten auch ungeflü-

gelt. Die Blattform kann daher häufig
als Kriterium für die Zuordnung zu
bestimmten Arten herangezogen werden.

Gewöhnlich sind die Blüten von
weißer Farbe, außen gelegentlich
auch rötlich bis lila. Sie duften sehr
stark und angenehm. Zumeist besitzen die Blüten fünf Petalen (Blüten-
oder Kronblätter) und stehen einzeln
oder zu mehreren in den Blattachseln.
Es existieren viele sehr unterschiedliche Fruchtformen und Farben. Meist
sind die zu den Beeren zählenden
Früchte von außen gelb bis rotorange.
Bei ganzjährig hohen Temperaturen
und fehlender nächtlicher Temperatur-
absenkung bleiben sie vorwiegend
grün. Die Segmente bestehen aus
Saftschläuchen, den Zotten, die die
Samen umschließen. Die Keimblätter
der Samen von Mandarinen und Calamondin sind durch Chlorophyll grün
gefärbt, die der meisten anderen Arten weiß. Die Fruchtschale, das Peri-
karp, ist von recht unterschiedlicher
Dicke; bei der Zitronatzitrone kann
sie fast die ganze Frucht einnehmen.
Sie besteht aus zwei Teilen, dem
weißen, bei vielen Arten locker-
schwammigen Mesocarp (Albedo)
und dem Exocarp (Flavedo), der
äußeren Fruchtschale. Alle Teile der
Fruchtschale sind mit dicht beieinander sitzenden Öldrüsen versehen.

Fortpflanzung

Zwischen verschiedenen Arten einer
Gattung, aber auch zwischen Arten
unterschiedlicher Gattungen besteht

Sie verströmen einen angenehmen Duft:
Zitronenblüten.

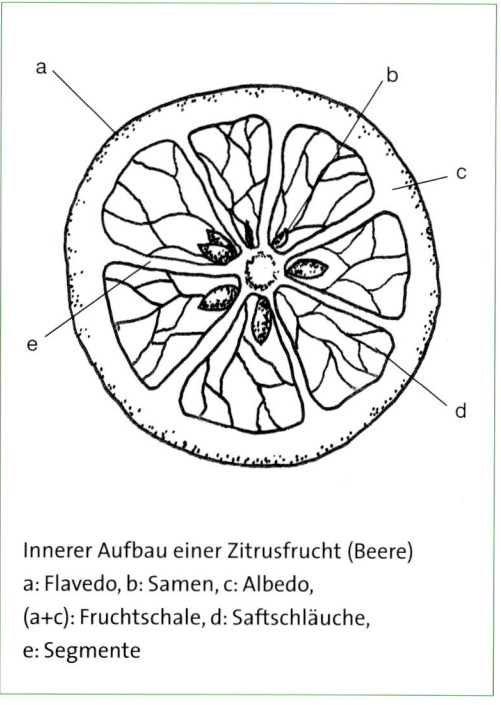

Innerer Aufbau einer Zitrusfrucht (Beere)
a: Flavedo, b: Samen, c: Albedo,
(a+c): Fruchtschale, d: Saftschläuche,
e: Segmente

die Neigung zur Bastardisierung. Die entstehenden Bastarde (Hybriden) vermehren sich oft aus Samen durch die sogenannte »Polyembryonie«. Das bedeutet, dass in einem Samenkorn mehrere Embryonen enthalten sind, mitunter bis zu 30 Stück. Von ihnen können nun durchaus mehrere zu Pflanzen heranwachsen.

Dabei greift das Phänomen der »Nucellarembryonie«: Diese Embryonen sind nicht ausschließlich generativen Ursprungs, also mit den Merkmalen beider Elternpflanzen ausgestattet. Die auf vegetativem Wege entstandenen Embryonen können die auf geschlechtlichem Wege entstandenen Embryonen in ihrem Wachstum unterdrücken und selbst keimen. Sie zeigen dann sowohl bei der Wuchsform als auch bei den Früchten die Merkmale der Mutterpflanze.

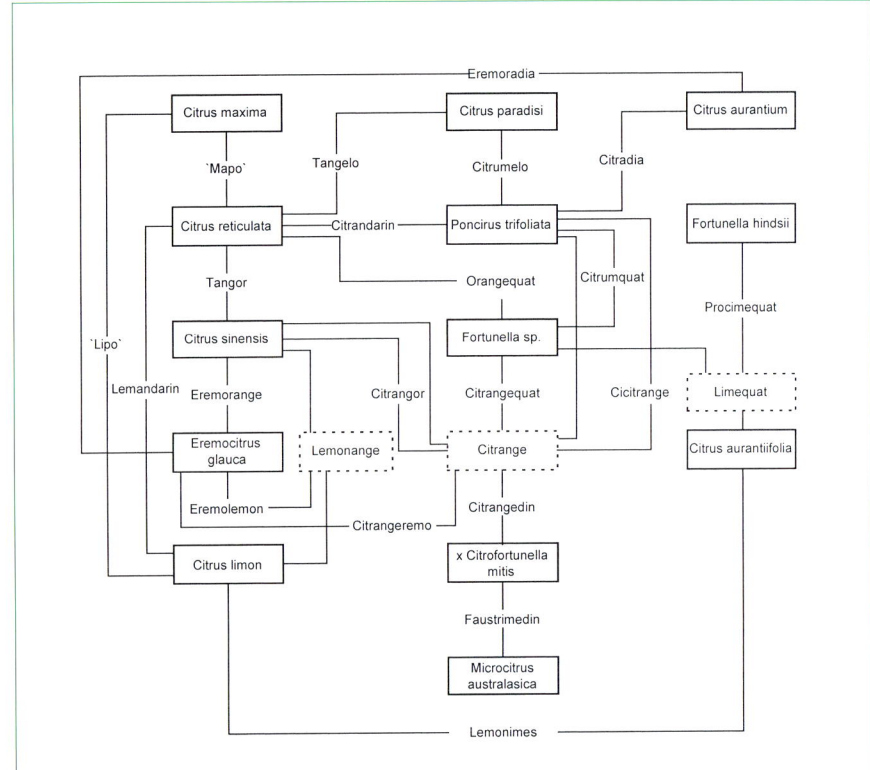

Tabelle der Zitrushybriden: Die Namen der Arten, die sich in den Kästen mit geschlossener Linie befinden, sind Elternpflanzen. Namen in Kästen mit unterbrochener Linie bezeichnen Elternpflanzen, die ihrerseits Hybriden sind. Namen ohne Rahmen bezeichnen Hybriden (nach Klock, 1990, überarbeitet).

Pflanzen aus Nucellarembryonen sind gesund, oft wüchsiger, manchmal auch – im Gegensatz zur Mutterpflanze – bedornt. Die juvenile Phase ist ausgeprägter. Der Zitruspflanzen-Züchter nutzt diese Vorteile gelegentlich zur Verjüngung alter Sorten (siehe Seite 79ff.).

Wirtschaftliche Bedeutung

Zitruspflanzen sind weltwirtschaftlich von großer Bedeutung. So wurden allein in der Erntesaison 1992/93 76 Millionen Tonnen Zitrusfrüchte produziert, die damit dicht hinter den Weintrauben zum meistangebauten Obst der Welt zählen. Zu den wichtigsten Arten gehören Apfelsinen und Mandarinen, danach folgen Zitronen und Grapefruits.

In vielen Ländern der Erde, vorwiegend in solchen mit subtropischem Klima, wird daran gearbeitet, neue Sorten von Zitrusfrüchten marktfähig zu machen. Die Hauptkriterien bei den Selektionsarbeiten sind: guter Geschmack, lange Haltbarkeit, ansprechende Ausfärbung der Fruchtschale (ein für den eigentlichen Wert der Frucht nichtssagendes Merkmal, für das Kaufverhalten aber wichtig), Samenlosigkeit, leichte Schälbarkeit (dünnes, leicht abtrennbares Albedo ist der Trend bei den so genannten »Easy Peelern«) und ein möglichst früher oder später Reifezeitpunkt zur Verlängerung der Erntesaison. Werden diese Kriterien erfüllt, kann ein hoher Preis auf dem Weltmarkt erzielt werden.

Zitrusfrüchte – köstlich und gesund

Zitrusfrüchte sind ein wertvolles und gesundes Obst, das in vielerlei Zubereitung genossen werden kann. Der süße bis süßsäuerliche oder saure Geschmack der Zitrusfrüchte stammt in erster Linie vom Gehalt an Rohr-, Trauben- und Fruchtzucker sowie der Zitronen-, Apfel- und Weinsäure und

DAS GRAPEFRUITKERN-WUNDER

Im Jahre 1980 machte der Hobbygärtner Dr. Harich aus Florida, von Beruf Arzt und Immunologe, zufällig die Entdeckung, dass Grapefruitkerne auf seinem Komposthaufen auch nach längerer Zeit nicht verrotteten. Seine Nachforschungen ergaben, dass sich in den Grapefruitkernen ein Stoff befindet, der eine starke antibakterielle Wirkung aufweist und durchaus mit den bekannten Antibiotika in Konkurrenz treten könnte – und das ohne schädliche Nebenwirkungen.

Der Extrakt aus den Grapefruitkernen soll allerdings nicht nur gegenüber Bakterien wirksam sein, er zeige auch eine bemerkenswerte Wirkung gegenüber Viren, Pilzen und Parasiten. Sicher wird die Heilkraft von Grapefruitkernextrakt in naher Zukunft allgemein anerkannt und für vielen Menschen eine wertvolle Hilfe darstellen.

Nahezu unendlich scheint die Phantasie vieler Zitrusfrüchteproduzenten und -vermarkter zu sein, wenn es darum geht, auf dem fruchtumhüllenden Zitruspapier für die Vorteile ihrer beliebten Vitaminspender zu werben. Die schöne bunte Welt der Zitruspapiere, ein Reiz für die Sinne? Eigentlich war alles ganz anders: Die kleinen gewachsten Papierstückchen sollten die empfindlichen Früchte auf ihrer langen Reise vom Süden Europas oder gar von Übersee in den Norden vor Verderb schützen. Denn nicht selten überstanden vierzig Prozent und mehr der wertvollen Früchte den Transport bis zum Bestimmungsort nicht. Die künstliche Umhüllung machte den Transport sicherer, der Ausschuss sank auf unter fünf Prozent. Da sich die »Goldenen Früchte« jedoch uneingewickelt besser verkaufen ließen als umhüllt von tristem Wachspapier, waren Grafiker und Künstler gefragt. Sie schufen die vielen Zitruspapier-Motive in schönen

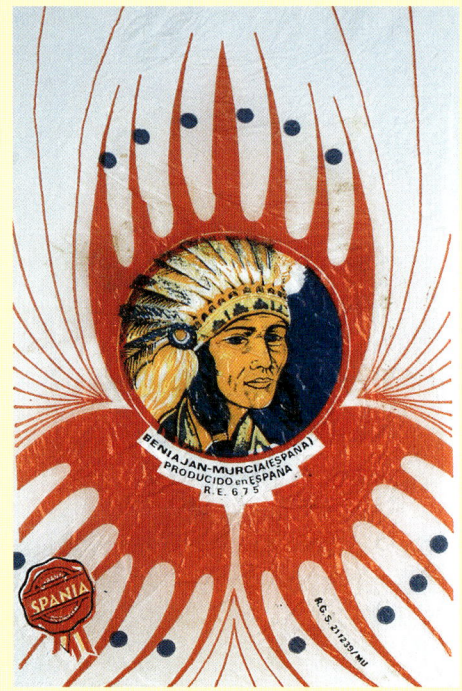

Der „Große Häuptling" schützt spanische Zitrusfrüchte auf Ihrer Reise zum Verbraucher.

bunten Farben. Denn jeder Kaufmann weiß: das Auge kauft mit.

Doch die damalige Notwendigkeit des Verwendens von Zitruspapier ist heute zu reiner Nostalgie geschrumpft – mag man denken. Heute sind oft nur einige Früchte der oberen Lagen in den Lieferkisten mit dem schmückenden Papier umwickelt. „Schuld daran" sind die schnellen Verbindungen unserer Zeit und die Behandlung von Zitrusfrüchten mit schützenden Wachsen nach der Ernte. So wurde das einst hilfreiche Zitruspapier fast überflüssig.

Aber nur fast, denn diese Umhüllung bietet eine ausgezeichnete Möglichkeit der Werbung; sie stellt ein einprägsames Unterscheidungsmerkmal zu anderen Anbietern dar. Von einer bestimmten Menschenspezies ist sie ebenfalls begehrt: von den Sammlern, die sich erfreuen können an den kleinen Kunstwerken aus verknittertem dünnem Wachspapier, das man auch durch Bügeln nicht ganz glatt bekommt.

diversen anderen Aromastoffen. Das Fruchtfleisch enthält eine Vielzahl lebensnotwendiger Mineralien wie Phosphor und Eisen sowie etwa 14 Vitamine, deren Menge und Verteilung von Sorte zu Sorte beträchtlich schwanken kann. So beträgt der durchschnittliche Gehalt an Vitamin C von Zitronen etwa 44 mg/100 g Fruchtsaft, bei Navelapfelsinen sind es 59 mg/100 g. Zitrusfrüchte enthalten außerdem das Vitamin A, den Vitamin B-Komplex, die Vitamine E und P sowie diverse lebensnotwendige Spurenelemente.

Markt in Jericho: Temple-Orangen, Marsh-Grapefruits und Pomelos.

Zitrus in Scheiben: Grapefruit 'Star Ruby', Indische Süße Orange, C. sinensis , C. hystrix, Blutorange 'Moro', C. limon.

Empfehlenswerte Zitruspflanzen für den Hobbygärtner

Essbare Zitrusfrüchte entstammen überwiegend den Gattungen *Citrus, Fortunella* sowie den verschiedenen Gattungs- und Arthybriden.

Sie alle lassen sich in Pflanzgefäßen kultivieren, wenn die jeweiligen Bedürfnisse der Pflanze berücksichtigt werden. Einige Arten eignen sich zur Kübelkultur besonders gut, weil sie auch im Gefäß reich blühen und Früchte ansetzen, die ihre natürliche Größe erreichen und wohlschmeckend sind. Andere blühen und fruchten zwar, lassen jedoch keine gleich großen und qualitativ wertvollen Früchte entstehen.

Alle hier abgebildeten und beschriebenen Zitruspflanzen gedeihen auch im Kübel. Einige Arten werden allerdings bei uns selten angeboten.

Wer noch zu den »Anfängern« unter den Zitruspflanzen-Liebhabern gehört oder wenig Probleme mit der Pflege und Überwinterung haben möchte, sollte die Dreiblättrige Orange, *Poncirus trifoliata*, oder Hybriden dieser Art kultivieren. Sie vertragen auch einige Grade Frost und nehmen mit einem nicht sehr hellen, kalten Raum im Winter vorlieb. Allerdings sind die Früchte dieser Art und viele ihrer Hybriden nicht mit Genuss zu verzehren, weil sie einen sehr sauren und bitteren Geschmack haben.

Eine Ausnahme macht hier die Citrange 'Rusk', *Poncirus trifoliata × Citrus sinensis*.

Recht häufig angeboten wird die Zitruspflanze Calamondin, auch bekannt unter dem Namen Calamondin-Orange, obwohl ihre Früchte denen einer kleinfruchtigen Mandarine ähnlicher sind. Sie zeich-

1 *Poncirus trifoliata*, Blüten und unreife Früchte, die auch im reifen Zustand nicht schmecken.

net sich durch ein schon frühzeitig einsetzendes Blühen und Fruchten und durch eine schwache Wüchsigkeit aus. Da diese Pflanze zudem sehr gut mit den klimatischen Verhältnissen in einem Wohnzimmer auskommt, ist sie als Zimmerpflanze sehr beliebt. Als Zwerg-, Zieroder Calamondin-Orange, richtiger wäre die Bezeichnung Calamondin-Mandarine, wird sie in Blumengeschäften angeboten. Sie entstammt einer Kreuzung aus einer Mandarinenart mit der Kumquat und wird offiziell mit × *Citrofortunella mitis* bezeichnet. Das × vor dem Namen weist darauf hin, dass es sich bei dieser Pflanze um einen Gattungsbastard handelt. An nächster Stelle hinsichtlich der Häufigkeit angebotener Zitruspflanzen findet sich die Kumquatpflanze.

Ihre pflaumengroßen, runden (Marumi-Kumquat) oder ovalen (Nagami-Kumquat) Früchte zieren die kleinen Pflanzen in großer Anzahl. Sind sie reif, kann man die Früchte mitsamt ihrer süßen Schale verzehren. Auch als Hochstämmchen sind Kumquats emp-

2 Die Früchte der Rundkumquat (*Fortunella japonica*) mit besonders süßer und aromatischer Schale. Die pflaumengroßen Kugeln werden roh oder kandiert verzehrt.

fehlenswerte, ansehnliche Zitruspflanzen.

Wer in der Lage ist, seinen Pflanzen im Sommer einen geschützten Platz im Freien (Balkon, Terrasse, Garten) zu bieten, kann sich auch an »echte« Orangen, *Citrus sinensis,* Mandarinen, *Citrus reticulata*, und Zitronen, *Citrus limon*, wagen. Sie sind allerdings nicht so häufig im Angebot, obgleich auch diese zu sehr dekorativen Solitärpflanzen heranwachsen können.

Grapefruits, *Citrus × paradisi,* und Pampelmusen, *Citrus grandis*, hingegen werden nicht immer befriedigen, weil die Früchte bei uns nur selten die gewohnte Größe und Qualität erreichen.

Verlockende Vielfalt

Ein Überblick über die große Verwandtschaft der Zitrusgewächse mit Empfehlungen für die dekorativsten und für die Kultur lohnenswertesten Pflanzen.

Bei den verwendeten Bezeichnungen für Sorten, Sortengruppen und Varietäten der Zitrus-Verwandten kann es zu Abweichungen zwischen international gebräuchlichen und regional verwendeten Namen kommen. Dabei kann es vorkommen, dass ein national geltender Sortenname (z. B. 'Ortanique') in anderen Ländern unter verschiedenen Handelsnamen (hier dann Tambor oder Topaz) geführt wird.

Die Mandarinenartigen

Mandarinenartige Zitrusfrüchte werden immer beliebter und drängen im Frischverzehr die süßen Orangen zurück. Das liegt an ihrer optimalen »Verpackung«. Die sie umgebende Schale ist gewöhnlich dünn und lässt sich problemlos, ohne Zuhilfenahme eines Messers, einfach abschälen. Zudem stehen diese »Easy Peeler«, wie sie im englischen Sprachraum auch genannt werden, geschmacklich an oberer Stelle. Durch Züchtung und Zufallskreuzungen entstanden viele wohlschmeckende und wertvolle Sorten.

Viele Wissenschaftler haben versucht, Zitruspflanzen mit mandarinenartigen Früchten in unterschiedliche Arten einzuteilen. Die Ansichten der Taxonomen gehen allerdings auch heute noch auseinander. Doch im Zeitalter der Genanalyse wird es sicher in absehbarer Zeit zu einer einheitlichen Benennung kommen.

Nachfolgend werden Arten, Varietäten, Sorten und Sortengruppen der mandarinenartigen Zitrusfrüchte vorgestellt, dazu zählen: Clementinen und Tangerinen, Mandarinen, Satsumas sowie art- oder gattungsübergreifende Hybriden.

Interessante Vertreter der Clementinen und Tangerinen:

Bei Clementinen kann es sich um Sorten oder Hybriden der Art *Citrus reticulata* oder *Citrus deliciosa* handeln, was im Einzelfall nicht immer sicher nachgewiesen werden kann. Deshalb wird lediglich der Sortenname genannt.

'Arrufatina'

'Arrufatina' entstand 1968 durch Knospenmutation der Sorte 'Nules' in Villareal, Spanien. Als junge Pflanze

Clementinen – pralle Früchte, süß und saftig in der kalten Jahreszeit.

Die Bezeichnung **Clementine** oder Klementine steht für eine Sortengruppe, die kleine, dünn-schalige, leicht schälbare und kernlose süße Früchte mit mäßigem Aroma hervorbringt. Sor-ten mit durchschnittlich über 10 Kernen werden Clementinen Monreales oder einfach nur Monreales genannt, nicht zu verwechseln mit der Sorte 'Monreal'. Einige Clementinensorten bilden keinen befruchtungsfähigen Pollen und sind daher auf Fremdbefruchtung angewiesen. Bei ihrer aus Samenvermehrung stammenden Nachkommenschaft handelt es sich daher immer um Hybriden.

Bei **Tangerinen** handelt es sich um eine Bezeichnung aus dem US-amerikanischen Sprachge-brauch, die inzwischen auch bei uns üblich ist. Mit Tangerine bezeichnet man diejenigen Man-darinenartigen, die über eine kräftig-rote bis dunkelrote Schale verfügen, wie die Tangerine 'Dancy'.

ist diese Mandarinensorte dornig. Die Qualität ihrer früh im November reifenden, großen süßen Früchte ist hervorragend, sie haben recht wenig Säure. Bei Überreife kann sich die Schale lockern und puffig werden.

'Bekria'

Aus Marokko kommt diese besonders früh im September reifende und über-wiegend grünschalige Clementinen-sorte. Sowohl ihr Säuregehalt als auch ihr Zuckergehalt sind nicht groß. Da-her ist ihr Geschmack süßlich-fade. Sie ist aber dennoch im Anbaugebiet und in Frankreich beliebt und erzielt dort wegen ihrer frühen Reife einen hohen Marktpreis.

'Hernandina'

Die mandarinenartige 'Hernandina' ist im Jahre 1966 aus einer Knospen-mutation der aus Algerien stammen-den Sorte 'Fina' hervorgegangen. Ihre recht kleinen Früchte reifen zwei Wo-chen nach 'Fina', etwa Mitte Januar. Oft bleibt die Rinde im Bereich des

Stielansatzes grünlich. Die Früchte halten ohne Qualitätsverlust einige Wochen an der Pflanze. Eine lange Lagerung der Früchte ist weniger empfehlenswert. Wegen ihrer langen, spitzovalen, kräftig grünen Blätter und der Vielzahl ihrer Früchte ist 'Hernandina' eine dekorative Kübel-pflanze. Die Pflanze verträgt auch

Nach einem Ort bei Castellón, Spanien, wurde diese Clementinensorte benannt: 'Clemenules' bzw. 'Nules'.

niedrige Temperaturen. Angebaut wird sie vor allem in Spanien. Die leicht schälbaren Früchte sind süßsäuerlich im Geschmack.

'Nules'
Wie auch 'Hernandina', ist 'Nules' (auch 'Clemenules', 'De Nules') aus einer Knospenmutation der Sorte 'Fina' hervorgegangen. Entdeckt wurde sie 1953 nahe der gleichnamigen Stadt in der spanischen Provinz Castellón. Sie reift ab Ende November. Die Früchte können über einen längeren Zeitraum an der Pflanze bleiben. Sie sind deutlich größer als die von 'Fina' und vieler anderer mandarinenartiger Zitruspflanzen. Das Fruchtfleisch ist von hoher Qualität.

'Oroval'
Eine im Jahre 1950 aus einer Knospenmutation der Sorte 'Fina' hervorgegangene reichfruchtende, leicht schälbare Clementinensorte. Die Früchte reifen schon früh im November. Bei verspäteter Ernte wird die Schale puffig. Wegen ihres ansehnlichen Wuchses ist 'Oroval' als Kübelpflanze gelegentlich anzutreffen.

'Marisol'
Diese noch junge Clementinensorte, 1970 aus einer Knospenmutation der Sorte 'Oroval' entstanden, zeichnet sich durch ihre sehr aromatischen, süßen, frühreifenden Früchte aus. Inzwischen bestehen 15 % aller Clementinenkulturen in Spanien aus der Sorte 'Marisol'. Sie bildet auch in Kübelkultur viele Früchte aus.

'Dancy'
Citrus reticulata var. tangerina
Hierbei handelt es sich um eine alte Sorte aus Florida, die Mitte letzten Jahrhunderts als Sämling einer damals unter 'Moragne Tangierine' bekannten Sorte in der Plantage von F. L. Dancy in Florida gefunden wurde. Die recht kältetolerante Pflanze ist für eine Tangerine sehr wüchsig. Ihre kleinen, tief rot-orangefarbenen Früchte reifen um die Jahreswende und werden in den USA traditionell mit »Christmas tangerine« bezeichnet. Sie sind gewöhnlich vielsamig, süß und wegen ihres ausgewogenen Säureanteiles besonders schmackhaft. Erfolgt die Ernte verspätet, verlieren die überreifen Früchte schnell an Aroma. Der Anbau der 'Dancy' geht zurück. Wegen ihrer vielen, kleinen Früchte und ihres ansprechenden Wuchses ist sie aber eine besonders schöne Pflanze für die Kübelkultur.

MANDARINEN

Die gewöhnlichen Mandarinen haben eine gelbliche, nur sehr wenig ins Orange gehende Fruchtschale. Typisch sind das einzigartige, intensive Aroma ihrer Schale und ihre samenreichen Früchte.
Wegen ihres Duftes, ihrer schmalen, spitzovalen Blätter und ihrer attraktiven Früchte eignet sich die Mandarine besonders gut zur Kübelkultur oder zum Auspflanzen in einen frostfreien Wintergarten.

Die echten, hocharomatischen, süßen Mandarinen, oft mit vielen Samen – hier als Packstück.

Interessante Vertreter der Mandarinen:

Bei Mandarinen kann es sich um Sorten oder Hybriden der Art *Citrus reticulata* oder *Citrus deliciosa* handeln, was im Einzelfall nicht immer sicher nachgewiesen werden kann. Deshalb wird lediglich der Sortenname genannt.

'Kara'

Schon beim Reiben der Blätter zwischen den Fingern ist ihr angenehmer Duft bemerkbar. Die mandarinenartigen, dunkelorangen Früchte haben wenige Kerne und bei Reife einen sehr guten Geschmack. Zuweilen ist ihr Säuregehalt auffällig hoch. Wegen ihres ansprechenden Wuchses und der ansehnlichen Früchte ist 'Kara' als Kübelpflanze zu empfehlen.

'Michal'

'Michal' wurde vor einigen Jahren in Israel gefunden und nach der Tochter des Entdeckers benannt. Bei dieser Sorte soll es sich um einen auf natürlichem Wege entstandenen Hybrid zwischen einer Clementine und der Tangerine 'Dancy' handeln. Sie ist reichfruchtend, allerdings alternierend. Im Erwerbsanbau wechseln sich Jahre besonders guter Ernten mit solchen schlechter Erträge ab. Während der Reife zieren viele dunkelrot-orangefarbene, clementinenartige Früchte die Pflanze. Sie sind mit 5 bis 6,5 cm im Durchmesser recht klein, dabei aromatisch süß, besonders ansehnlich und sehr saftig.

'Nagpur Santra'

Auch 'Ponkan', 'Warnurco', 'Batangas', 'Swatow Orange' und 'Chinese Honey Orange' wird diese süße und großfruchtige indische Mandarine mit leichtem Nackenansatz genannt. Sie ist die am leichtesten schälbare Mandarine. Die Ernte muss gleich nach der Reife erfolgen, weil die Früchte

'Nova' – leicht schälbare Mandarinenartige mit Grapefruit-Vorfahren (Beschreibung S. 22)

sonst leicht puffig werden. Bei über 50 % der weltweit angebauten Mandarinenartigen handelt es sich um diese Sorte.

'Nova'

'Clemenvilla' und 'Suntina' wird diese aus einer im Jahre 1942 erfolgten Kreuzung hervorgegangenen Sorte auch genannt. Die Eltern sind 'Fina' und die Tangelo 'Orlando' ('Fina' × Grapefruit 'Duncan' × Tangerine 'Dancy'). Die mittelgroßen, tief orangefarbenen Früchte lassen sich problemlos mit der Hand schälen. Sie sind ohne Fremdbefruchtung samenlos. Als Kübelpflanze gedeiht sie in unserem Klima sehr gut.

Cleopatra-Mandarine, Citrus reshni

Diese starkwüchsige und kleinfruchtige Mandarinenart trägt süßlich bis süßsaure Früchte. Kultiviert wird sie

in erster Linie als starkwüchsige Veredelungsunterlage. Sie ist zudem eine schöne, kleine, vielsamige Früchte tragende Zierpflanze, die einen hellen, warmen Standort liebt. Unter optimalen Kulturbedingungen könnte die Cleopatra-Mandarine wegen ihrer großen Menge an kleinen, dekorativen Früchten als Zierpflanze in Konkurrenz treten zur bekannten Calamondin. Allerdings sollten keine Sämlinge verwendet werden, sondern Veredelungen auf Schwachwuchs induzierende Unterlagen wie *Poncirus trifoliata* oder *P. trifoliata* var. *monstrosa,* genannt Flying Dragon.

King-Mandarine, Citrus nobilis

Diese Mandarinenart verfügt über sehr große Blüten und Blätter; ihre Früchte zählen zu den größten unter den Mandarinen. Ihre raue Schale ist besonders dick, lässt sich aber recht gut abschälen. Das Fruchtfleisch ist dunkelorange, aromareich und ziemlich saftig mit wenigen bis vielen Samen. Die Zweige sind selten bedornt, die Pflanze ist insgesamt recht kälteverträglich. Von den King-Mandarinen existieren nur wenige Sorten.

Interessante Vertreter der Satsumas: Citrus unshiu 'Owari'

Diese Satsuma-Sorte wurde nach einem alten Provinznamen Japans benannt. Die Pflanze wächst ausladend, mit hängenden Zweigen. Sie besitzt ein für Mandarinen sehr großes, ledriges Blatt mit hervortre-

---

SATSUMAS

Bei Satsumas handelt es sich um die Mutation einer Mandarine aus Satsuma, einer Provinz auf der japanischen Insel Kiuschu. Die nur sehr wenige Samen enthaltenden Früchte reifen sehr früh, schon ab Oktober. Die leuchtend orangefarbene, gelegentlich grünlich-gelb gefleckte Fruchtschale löst sich sehr leicht. Der Geschmack der Früchte ist süßsäuerlich-fad. Die Pflanzen vertragen auch niedrigere Temperaturen, können im Sommer im Freiland und im Winter im schwach geheizten Wintergarten oder Treibhaus gehalten werden.

tenden Blattrippen. Die dünnschalige, kernlose Frucht hat einen mild-aromatischen Geschmack und ist saftig. Weitere Sorten sind 'Wase' und die bei uns häufig bereits ab Herbst im Handel befindliche 'Clausellina'.

Interessante Hybriden der Mandarinenartigen:

Die nachfolgend vorgestellten Mandarinenartigen sind gattungs- oder artübergreifende Hybriden, deren Kreuzungspartner teilweise noch nicht eindeutig geklärt sind.

Die Satsumas zählen zu den früh reifenden Zitrusfrüchten.

Calamondin, × Citrofortunella mitis

Die Calamondin entstammt einer in China erfolgten gattungsübergreifenden Kreuzung aus Sauermandarine, *Citrus reticulata* var. *austera*, und *Fortunella*-Arten. Sie ist die beliebteste, bekannteste und am häufigsten anzutreffende Zierorange. Häufig wird sie noch mit den Namen *Citrus mitis, Citrus microcarpa* oder *Citrus madurensis* bezeichnet. Sehr interessant und selten angeboten ist die Zierform × *Citrofortunella mitis* 'Variegata' mit ihren panaschierten Blättern. Calamondin-Pflanzen gehören zu den relativ anspruchslosen Zitruspflanzen. Sie gedeihen vor einem Zimmerfenster oder im Sommer im Freien an windgeschützter, sonniger Stelle. In Südostasien wird die bei uns als Zierpflanze kultivierte Art zur Obstgewinnung angebaut. Aus den Früchten werden Saft und Marmelade hergestellt, auch werden sie kandiert verzehrt. Die hier geernteten Früchte

können ebenfalls zu vielen Köstlichkeiten verarbeitet werden.

'Ellendale'

Die aus Australien stammende 'Ellendale' ist eine Kreuzung aus Mandarine, Tangerine, und Orange. Sie wurde um 1878 als Sämling auf dem Ellendale-Anwesen in Burrum, Queensland

Selten im Angebot: die panaschierte Calamondin.

gefunden. Diese Kreuzung widersteht problemlos sehr hohen Temperaturen. Sie zeichnet sich durch ihren besonders angenehmen süßen bis süßsäuerlichen Geschmack und ihr typisches Aroma aus. Die orangefarbenen, oft abgeflachten Früchte übertreffen in ihrer Größe die meisten anderen Mandarinenartigen. Ihre dünne Schale löst sich nur mittelgut. 'Ellendale' lässt sich gut im Kübel kultivieren, benötigt dabei einen sehr hellen, warmen Platz und nährstoffreiche Erde. Am besten gibt man ihr zu Beginn der Wachstumszeit einen Dauerdünger, bei Bedarf kann auch zusätzlich gedüngt werden. Sie trägt auffallend kleine, breit-elliptische Blätter und wächst ausladend.

'Mapo'

Bei dieser Sorte, die zu den Tangelos gehört (Hybride aus Mandarine × Grapefruit oder Pampelmuse), handelt es sich um eine ausgezeichnete mandarinenartige Frucht. Ihr typischer starker Mandarinenduft ist durch ein Reiben der Blätter zwischen den Fingern deutlich wahrzunehmen. Sie ist hervorragend zur Kübelkultur geeignet.

'Minneola'

Die 1931 in Florida als Kreuzung aus der Grapefruit 'Duncan' und der Tangerine 'Dancy' gezüchtete 'Minneola' wird zu den mandarinenartigen Zitrusfrüchten gezählt. Sie ist wärmeliebend und gedeiht auch in ausreichend bewässerten Wüstenregionen. Ihre zarten jungen Blätter sind emp-

findlich. Typisch für die 'Minneola' sind Früchte mit nackenartiger Auswölbung am Stielansatz. Sie sind aromatisch, süßsauer bis süß und sehr saftig. Ihr Fruchtfleisch ist recht weich. Trotz der dünnen Schale lassen sich die Früchte nicht immer leicht schälen.

Als Kübelpflanze ist sie besonders geeignet, wenn ihr die gebotenen Kulturbedingungen genügen. Während der Wachstumszeit benötigt die Pflanze einen sonnigen, sehr warmen Platz. Vor starkem Wind sollte sie geschützt werden. Sie wird nach der Hauptblüte im Frühjahr viele Früchte ansetzen, die auch bei dieser Kultur innerhalb eines Jahres ausreifen und oft von aromatischem, süßen Geschmack sind. Die Größe der Früchte ist abhängig von der Anzahl, die die Pflanze ernähren muss. Gewöhnlich bleiben die Früchte dabei kleiner als bei Plantagenpflanzen. Die 'Minneola' zählt zu den empfehlenswertesten Zitruspflanzen, die sich in Kübeln oder im Wintergarten halten lassen.

'Ortanique'

Diese Sorte entstammt einer Kreuzung aus Tangerine und Orange. Der Name ist eine Zusammensetzung aus Or- von Orange, -Tan- von Tangerine und -ique von unique, was »Einheit« beziehungsweise »einzigartig« bedeutet. Dieser Name wird jedoch in erster Linie für Früchte aus Jamaika verwendet, wo sie neben der 'Ugli' eine wichtige Exportfrucht darstellt. Aus warenzeichenrechtlichen Gründen tragen Früchte uruguayischer Herkunft den Handelsnamen Urunique, aus Kuba Cubunique, aus Südafrika Tambor und aus Israel Topaz. Die Frucht ist rund bis abgeplattet, hat eine sehr dünne Schale und ein kräftig-aromatisches, sehr saftiges Fruchtfleisch mit bis zu zehn Kernen. Die Früchte der Pflanzen aus den verschiedenen aufgeführten Anbaugebieten können sich durchaus unterscheiden. Das bedeutet aber nicht, dass es sich um verschiedene Sorten handelt. Die speziellen Anbaubedingungen in den Ländern unterscheiden sich zum Teil erheblich, was nicht ohne Einfluss auf die Frucht bleibt.

'Ugli' – die Hässliche. Für echte Zitrusfans jedoch eine der attraktivsten Zitruspflanzen.

'Temple'

'Temple' ist eine Zufallskreuzung aus Mandarine und Orange oder Grapefruit. Ihre rotorangen, meist kernreichen Früchte ähneln denen der Clementine, sind geschmacklich jedoch kräftiger und süßsäuerlich. Sie sind nicht so gut schälbar wie Clementinen. Wegen ihrer guten Fruchtbarkeit und ihrer ansehnlichen Früchte ist die 'Temple' eine zu empfehlende Kübelpflanze.

'Ugli'

Zu den besonders interessanten Zitruspflanzen gehört die 'Ugli', da sie ausgesprochen dekorative und große Früchte bildet. Sie sind schmutzig gelb- oder orangefarben, oft grün- und rotbraunfleckig. Ihre Schale ist uneben, zuweilen auch gefurcht. Ihr Name bezieht sich auf ihr Aussehen:

»ugly« (englisch) bedeutet hässlich – doch das ist Ansichtssache. Man nimmt an, dass es sich um eine in Jamaika um 1915 entstandene Hybride aus Tangerine und Grapefruit oder Pampelmuse handelt.

Aus einem Gebiet tropischen Klimas stammend, benötigt sie viel Licht, Wärme und Luftfeuchtigkeit. Ihre süßen, sehr saftigen Früchte mit einem Durchmesser von nicht selten 14 bis 16 cm sind besonders leicht zu schälen. Reife und gekühlte 'Ugli'-Früchte zählen zum erfrischendsten und schmackhaftesten Obst, das uns die Zitruspflanzen bieten können. 'Ugli' gedeiht bei uns gut als Kübelpflanze, veredelt auf Pomeranze, Citrange oder Dreiblättriger Orange.

Bei der überwiegenden Zahl der mandarinenartigen Zitrusfrüchte handelt es sich um artübergreifende Hybriden. Auch wenn die Elternpflanzen die gleichen sind, müssen die Nachkommen nicht zwangsläufig identisch sein. Auch Hybriden können Eltern weiterer Kreuzungsprodukte sein. Nachfolgend sind die Herkünfte einiger bekannterer Sorten und Handelsbezeichnungen dargestellt.

Calamondin (vermutlich Sauermandarine × Kumquat)

Clementine (Sortengruppenbezeichnung, vermutlich Mandarine × Pomeranze)

'Ellendale' (vermutlich Mandarine × Tangerine × Orange)

'Eustis' (Limette × Kumquat)

'Fortuna' (Clementine × Tangerine)

'Honey' (King-Mandarine × Weidenblättrige Mandarine)

'Kara' (Mandarine × Orange × Satsuma)

'Lee' (Clementine × [Grapefruit × Tangerine])

'Malaquina' (Mandarine × Orange)

'Mapo' (Mandarine × Grapefruit oder Pampelmuse)

'Michal' (Clementine × Tangerine)

'Minneola' (Tangerine × Grapefruit)

'Murcott' (Tangerine × Orange)

'Orlando' (Grapefruit × Tangerine)

'Ortanique', Handelsnamen u. a. Tambor, Topaz (vermutlich Tangelo × Orange)

'Rusk' (Orange × Dreiblättrige Orange)

'Suntina', Syn. 'Nova' (Clementine × Grapefruit × Tangerine)

'Temple' (Mandarine × Orange oder Grapefruit)

'Ugli' (vermutlich Tangerine × Grapefruit (× Pampelmuse?)

'Wilking' (vermutlich Mandarine × [Mandarine × Orange/Grapefruit] oder King-Mandarine

Die Überwinterung erfolgt am besten in einem temperierten Wintergarten bei 12 bis 16 °C oder einem entsprechend beheizbaren Gewächshaus.

'Wilking'

Diese Hybride entstammt einer Kreuzung aus Mandarine und 'Temple' oder King-Mandarine. Sie ist spät reifend und zeichnet sich besonders durch ihre Größe aus, die der einer Apfelsine ähnlich werden kann. Der Geschmack der Frucht ist aromatisch und süß, mit nur geringer Säure. Zehn große Samenkerne pro Frucht sind nicht ungewöhnlich. Bei 'Wilking' wechseln sich die Jahre besonders starken Fruchtbehangs mit solchen geringeren Ernteertrags ab (= Alternanz).

Orangen

Die Orange oder Apfelsine (*Citrus sinensis*) stammt aus Ostasien. Ihre genaue Heimat ist jedoch ebenso unbekannt wie die Wildform. Möglicherweise handelt es sich um eine Mutation der Pomeranze. Die Apfelsine («Apfel aus China») ist offensichtlich um 1500 nach Europa gekommen. Die meisten Zitruspflanzen fühlen sich im Mittelmeerraum inzwischen so wohl, dass dieses Gebiet als ihre zweite Heimat bezeichnet werden kann. Die besten Orangen entstammen Gebieten mit mediterranem Klima. Eines der größten Zitrus-Exportländer war Mitte des vergangenen Jahrhunderts Portugal. Inzwischen sind die USA, Brasilien, Südafrika, Spanien, Italien und Israel die größten Zitrusproduzenten und -exporteure.

Innerhalb der Orangen werden gängigerweise die Hauptgruppen **Navel-Orangen, Blondorangen** und **Blutorangen** unterschieden.

Interessante Vertreter der Navelorangen:
Citrus sinensis 'Navelate'

Diese Sorte, auch 'Navel Late' genannt, ist eine Mutation der 'Washington Navel'. Sie reift in Südeuropa etwa ab März, ihre Schale ist dünn. Das süße bis süßsäuerliche Fruchtfleisch ist etwas weich. Die Frucht ist recht gut haltbar.

Citrus sinensis 'Navelina'

Seit 1910 ist diese aus Kalifornien stammende Sorte bekannt. Damals wurde sie 'Smith's Early Navel' genannt, in Spanien erhielt sie später den Namen 'Navelina'. Die Freigabe dieser Sorte zur Vermehrung an Baumschulen erfolgte erst 1968, doch inzwischen ist sie zu einer der Hauptsorten Spaniens aufgestiegen. 'Navelina' unterscheidet sich von der süßeren und besonders geschmackvollen 'Washington Navel' durch ihre kleinere, leicht ovale Fruchtgröße, ihren

Süß, aber nicht lange lagerfähig: Navelorangen.

NAVEL-ORANGEN

Sie wurden bereits von Ferrari im 17. Jahrhundert beschrieben. Das typische und sie von anderen Zitruspflanzen unterscheidende Merkmal der Navel-Orangen ist ihr Nabel, auf englisch »navel«, am ehemaligen Blütenansatz. Sowohl die Hauptfrucht als auch die unterschiedlich große Nebenfrucht ist frei von Samenkernen. Der Pollen der heutigen Navel-Orangen ist steril. Navel-Orangen sind sehr süß, jedoch nicht so lange haltbar wie andere Orangen. Das Fruchtfleisch von überreifen oder überlagerten Früchten kann einen mehr oder weniger bitteren Geschmack aufweisen. Obgleich es sich bei Navel-Orangen eigentlich um Blondorangen handelt, werden sie wegen ihrer sehr sortentypischen Merkmale in einer eigenen Gruppe erfasst.

Ihre Hauptvertreter sind die Sorten 'Shamouti' (auch: »Jaffa-Orange«), 'Salustiana' sowie 'Valencia'. Die Bezeichnung »Jaffa-Orange« wird fälschlicherweise häufig ausschließlich für die Sorte 'Shamouti' gebraucht. Doch der Name »Jaffa« ist seit 1954 in Deutschland warenzeichenrechtlich geschützt für Orangen aus Israel, vergleichbar mit den Marken »Outspan« für Orangen aus Südafrika und »Sunkist« für kalifornische Zitrus-Sorten.

süßsäuerlichen Geschmack und den deutlich weniger ausgeprägten Nabel. In Spanien reift sie oft schon ab Mitte Oktober.

Die ähnliche Sorte 'Newhall' wird in Spanien ebenfalls unter dem Namen 'Navelina' vermarktet. Beide Sorten werden auf über 50 % der gesamten Orangen-Anbaufläche in Spanien kultiviert.

Citrus sinensis 'Robertson Navel'

Aus einer spontanen Knospenmutation der 'Washington Navel' ist diese samenlose Sorte entstanden. Ihr Nabel ist etwas weniger ausgeprägt als der der Muttersorte, die Frucht ist wenig kleiner, geschmacklich jedoch vergleichbar. Sie ist deutlich schwachwüchsig und schon als junge Pflanze reich fruchtend.

Citrus sinensis 'Thompson Navel'

Die Früchte dieser Navel-Orange sind mittelgroß und rund bis oval. Die Schale ist hellorange, feinporig und glatt, die Frucht recht saftig und geschmacklich gut.

Citrus sinensis 'Washington Navel' (Syn. 'Bahia')

Sehr süße und große, runde Orange mit ausgeprägtem Nabel, deren Hauptanbaugebiete Spanien und Marokko sind.

Die samenlose, festfleischige Frucht ist bei Vollreife nicht lange lagerfähig. Sie ist trotz mitteldicker, grobporiger Schale leicht schälbar.

Interessante Vertreter der Blondorangen:
Citrus sinensis 'Diller'

Für besonders warme Standorte eignet sich diese aus Arizona stammende, klein- bis mittelgroß fruchtende Orangensorte. Ihre Früchte sind besonders süß und sehr saftig, daher wird sie vorwiegend als Saftorange verwendet.

Citrus sinensis 'Hamlin'

Dieses ist eine mittelgroße, runde Frühorangensorte mit dünner Schale. Ihr zartes, säurearmes Fleisch ist besonders süß und saftig und beinhaltet bis zu fünf Kerne. Trotz ihrer guten Qualität geht der Anbau von Jahr zu Jahr zurück.

Citrus sinensis 'Kotidiana'

Besonders attraktiv ist diese der 'Valencia' ähnelnde Orangensorte: sie besitzt grün, weiß und gelb panaschierte Blätter sowie im unreifen Zustand grüngelb gestreifte Früchte. Ihre Früchte sind bei Reife orangefarben und angenehm süß. Zur Kübelkultur ist sie sehr zu empfehlen.

Citrus sinensis 'Pineapple'

Die »Ananasorange« stammt aus Florida und ist dort eine der wichtigsten süßen Saftorangen. Die kleinen bis mittelgroßen Früchte haben wenige, teils auch viele Kerne. Sie ist auch bei uns als Kübelpflanze anzutreffen. Ihre Zweige sind teilweise bedornt.

Citrus sinensis 'Salustiana'

Sie ist eine bedeutende Sorte in Südeuropa und Marokko. Die kleinen bis mittelgroßen, kernlosen Früchte haben ein weiches Fruchtfleisch, sind sehr saftig und haben einen kräftig süßen Geschmack. Sie werden gerne zum Auspressen genommen. Auch in Kübelkultur ist diese Sorte reich fruchtend.

Citrus sinensis 'Shamouti'

Diese Sorte wird auch 'Ovali' genannt und ist unter der Handelsbezeichnung »Jaffa-Orange« bei uns bekannt. Sie wird in den östlichen Mittelmeerländern angebaut, insbesondere in Israel, der Türkei und auf Zypern. Die Frucht ist groß, oval und eingeschlossen von einer dicken, manchmal zähen Schale. Sie lässt sich gut schälen und die Früchte sind leicht zu teilen. Das Fleisch ist hellorange, süß bis süßsäuerlich und von ausgezeichnetem Geschmack. Die Früchte reifen auch bei Kübelkultur und erlangen ein angenehmes Aroma.

Citrus sinensis 'Valencia'

Obgleich diese Sorte aufgrund ihres Namens aus Spanien zu stammen

Die bedeutendste spanische Navelorangen-Sorte ist die 'Valencia', geeignet zum Frischverzehr und zur Saftherstellung.

scheint, ist sie alter portugiesischer Herkunft. Um 1860 erhielt der englische Baumschulgärtner Thomas Rivers von den Azoren Pflanzmaterial dieser Sorte und nannte sie 'Excelsior'. Wegen der sehr späten Ausreife der Früchte hielt er sie für die Kübelkultur in den damals beliebten Orangerien der Landhäuser besonders geeignet. Er schickte Pflanzen auch in die USA, wo sie unter den Namen 'Rivers Late' und 'Hart's Tardif' beziehungsweise 'Hart Late' bekannt wurden. Im Jahre 1887 schließlich erhielt die Sorte von einem spanischen Zitrusexperten bei einem Besuch in Kalifornien den Namen 'Valencia Late', weil sie ihn so sehr an die damals auch um Valencia angebaute Sorte gleichen Namens erinnerte.

Blutorangen sind durch Mutationen verschiedener Orangensorten entstanden, überwiegend im Mittelmeerraum. Die Verfärbungen des Fruchtfleisches und der Fruchtfarbe bis hin zum Tiefvioletten beruhen auf einer Anreicherung des natürlichen Farbstoffes Anthocyan. Unter dem Einfluss von Fruchtsäure verfärbt sich dieser in verschiedene Rottöne. Die Ausprägung der Blutfärbung ist von Klima- und Bodenverhältnissen, der Belichtung der Früchte am Baum und dem Reifegrad abhängig. Bei Vollblutorangen ist sowohl das Fruchtfleisch als auch die Schale dunkelviolett bis rot gefärbt (zum Beispiel 'Sanguinelli' und 'Entrefina'); bei Halbblutorangen (zum Beispiel 'Moro', 'Tarocco' und 'Washington Sanguina') ist nur das Fruchtfleisch mehr oder weniger stark verfärbt, selten ist auch die Schale leicht rot bis rotviolett gefärbt.

Vollblutorange 'Sanguinelli': sowohl das Fruchtfleisch als auch die Schale sind dunkelviolett gefärbt.

'Valencia' beziehungsweise 'Valencia Late' ist die am meisten kultivierte, bekannteste und am spätesten reifende Orangensorte. Sie wird auch in den Tropen angebaut. Die oft kernlosen Früchte sind rund bis oval und haben eine dünne, feine Schale. Ihr volles Aroma erreichen sie nur bei ausreichender Wärme. Das Fruchtfleisch ist besonders aromatisch und eignet sich sowohl zum Frischverzehr, als auch zur Herstellung hochwertigen Saftes. Die reifen Früchte halten sich bis zur Jahresmitte am Baum, ohne an Wert zu verlieren. Allerdings nimmt die im Folgejahr zu erwartende Erntemenge ab, wenn die Früchte erst spät gepflückt werden. Ausgereifte Früchte haben ein sehr angenehmes Aroma; sie sind meist von süßem, nur selten auch einmal von säuerlichem Geschmack. 'Valencia' ist wegen der lang anhaltenden Blüte und Fruchtbildung zur Kübelkultur besonders geeignet. Zur Ausbildung schmackhafter Früchte dürfen die Temperaturen nicht zu niedrig liegen.

Verschiedene Selektionen von 'Valencia' sind bekannt, keine hat jedoch die Originalsorte von ihrer Beliebtheit und aus ihrer weltweiten Führungsrolle verdrängen können. Zu den wichtigen Selektionen gehören 'Olinda', 'Cutter' und 'Frost Valencia'.

Interessante Vertreter der Blutorangen:
Citrus sinensis 'Sanguinelli'

Diese spanische Vollblutapfelsine ist aus einer Knospenmutation der Sorte

'Doblefina' entstanden. Wegen ihrer tief violettrot gefärbten Früchte, die schon an jungen Veredelungen wachsen, und ihrer schwächeren Wüchsigkeit ist die 'Sanguinelli' eine ausgesprochen schöne, empfehlenswerte Kübelpflanze. Die Orangen werden mittelgroß, haben einen angenehmen Duft und einen guten, süßen Geschmack.

Citrus sinensis 'Tarocco'

Diese kernarme Halbblutorange stammt aus Sizilien. Ihr Fleisch ist gewöhnlich leicht rot und hat ein sehr feines Aroma. Es werden drei Selektionen unterschieden, die oft als die besten italienischen Orangensorten bezeichnet werden:

- 'Tarocco del Francofonte': Die Früchte dieser überwiegend auf Sizilien angebauten Blutorangensorte erreichen eine mittlere Größe und weisen am Stielansatz einen leichten Nacken auf.
- 'Tarocco del Muso': Bei dieser Selektion ist der Nacken am Stielansatz deutlicher ausgeprägt, und die Frucht erinnert an eine 'Minneola'.
- 'Tarocco Rosso': Diese Selektion zeigt deutliche rote bis violettrote Farbflecke auf der Schale.

Citrus sinensis 'Washington Sanguina'

Dies ist eine wertvolle, in größeren Mengen in Marokko angebaute Sorte der Halbblutorangen mit mittelgroßen ovalen, kernarmen Früchten und einem süßsäuerlichen Geschmack.

POMERANZEN

Pomeranzenbäume sind wegen ihres ansprechenden Wuchses zur Kübelkultur besonders geeignet. Sehr reichblühend und attraktiv ist die Sorte 'Bouquet de Fleurs'. Blüht die Pflanze, setzt sie in der Regel viele Früchte an, die auch bei uns eine ansehnliche Größe erreichen können.

Aus ihnen wird unter anderem die köstliche englische Orangenmarmelade hergestellt (Sevilla Orange Marmelade). Das Backgewürz Orangeat wird aus der kandierten Fruchtschale gewonnen. Aus ihr werden auch bekannte Liköre wie Cointreau und Curaçao hergestellt. Außerdem gewinnt man aus den Blüten das in der Parfümindustrie begehrte Neroliöl und aus den Blättern, jungen Trieben und Früchten das für kosmetische Zwecke verwendete Petitgrainöl.

Pomeranzen können aus den Samen der Früchte angezogen werden. Es vergehen gewöhnlich jedoch viele Jahre, bis sie blühen und fruchten, schneller geht es durch Veredelung. Pomeranzen bilden Pfahlwurzeln, deshalb muss das Pflanzgefäß möglichst hoch sein.

Pomeranzen und Verwandte

Die Pomeranze oder Bitterorange, *Citrus aurantium* stammt aus Indien und wurde von dort durch die Araber nach Spanien gebracht. Im englischen Sprachraum wird die Pomeranze noch heute Sevillaorange genannt. Die Hauptanbaugebiete dieser Art sind Spanien und Sizilien, wo sie auch oft als Straßenbäume anzutreffen sind.

Wegen ihrer zahlreichen Früchte und ihrer kleinen Blätter ist die Chinotto eine aparte Kübelpflanze (Beschreibung Seite 34).

Interessante Vertreter der Pomeranzen:
»Chinesische« Pomeranze, Citrus aurantium

Hierbei handelt es sich um eine in China kultivierte Pomeranze, von der hierzulande kein Sortenname bekannt ist. Die große, flache Frucht ähnelt einer fliegenden Untertasse. Die Pflanze wird auch als Veredelungsunterlage verwendet, die gegen die Tristeza-krankheit resistent ist. Sie ist eine dekorative Kübelpflanze, die auch im Winter nicht kälter als 10 °C aufgestellt werden sollte. Die »Chinesische« Pomeranze fruchtet gut, ihre leicht schälbaren, süßsäuerlichen Früchte können, im Gegensatz zu »unserer« Pomeranze, der Bitterorange, frisch verzehrt werden.

Gehörnte Pomeranze, Citrus aurantium 'Corniculata'

Man mag die Früchte für missgestaltet halten, doch sind die Ausstülpungen an den Früchten, die Hörnchen, Kennzeichen dieser seltenen Pomeranzensorte. Aufgeschnitten erinnern sie an die Segmenteanordnung von *C. aurantium* 'Foetifera'. Bereits VOLKAMER berichtete von dieser historischen Pomeranze in seinem umfangreichen Werk »Nürnbergische Hesperiden«. Derzeit befindet sich ein schönes Exemplar auf der Insel Mainau.

Deutsche Landsknechthose, Citrus aurantium 'Fasciata'

Eine der schönsten Pomeranzen ist die Deutsche Landsknechthose. Ihr glänzendes, dunkelgrünes Laub kontrastiert zu den mehrfarbigen Früchten. In unreifem Zustand haben sie grüne Punkte und leuchtend grüne Streifen auf gelbgrünem Grund. Reif ist ihre Grundfarbe ein kräftiges Gelb, unterbrochen von deutlich erhabenen senkrechten, dunkel orangefarbenen Streifen.

Einen süßsäuerlichen Geschmack hat die „Chinesische" Pomeranze.

Citrus aurantium 'Foetifera', die Töchterfrüchte tragende Pomeranze mit ihren auffälligen Früchten (Beschreibung Seite 34).

Einen großen Anteil an dem weltweit bekannten Duft von Kölnisch Wasser hat die Bergamotte. Eine Mischung aus Auszügen von Zitrone, Orange, Bergamotte, Rosmarin und Pomeranze ist Grundlage des Kölnisch Wasser. Um den wahren Erfinder dieses schon Jahrhunderte überdauernden Duftwassers ranken sich viele Geschichten. Schon im 17. Jahrhundert soll G. Paolo Feminis diese Duftkomposition erdacht haben, die damals auch gegen Kopfschmerzen und andere Beschwerden angewandt wurde. Sechzig Tropfen »Aqua mirabilis«, wie die Mischung genannt wurde, verdünnt mit einem Glas Wein, sollten Gesundheit und ein langes Leben garantieren. Napoleon allerdings bevorzugte die Einnahme dieses Elixiers auf einem Stückchen Zucker.

Das Duftwasser wurde damals zu einem großen Erfolg. Kurz vor seinem Tode vermachte Feminis das Rezept seinem Neffen Johann Maria Farina. Wie bei vielen erfolgreichen Produkten, wurde auch dieses Parfum kopiert – sehr erfolgreich von Bankierssohn Wilhelm Mülhens unter dem neuen und heute noch bekannten Namen: Eau de Cologne Originale 4711. Namensgeber war dabei die Hausnummer der Mülhensschen Fabrik, nachdem die Häuser der Stadt Köln im Jahre 1796 vollständig durchnummeriert wurden.

„Cedrato Bergamotto" (aus: „Nürnbergische Hesperides", J. C. Volkamer, 1708).

Töchterfrüchte tragende Pomeranze, Citrus aurantium 'Foetifera'

Diese Pomeranze beherbergt innerhalb ihrer Frucht eine weitere, was im Schnitt sehr ungewöhnlich aussieht. Die rotorange glänzenden Früchte sind besonders dekorativ.

Weidenblättrige Pomeranze, Citrus aurantium 'Salicifolia'

Ungewöhnlich ist diese Pomeranzensorte wegen ihrer schmalen, spitzelliptischen Blätter. Ihre Früchte entsprechen denen der Art.

Chinotto, Citrus aurantium var. myrtifolium, Syn. C. myrtifolia

Eine enge Verwandte der Pomeranze ist die Chinotto (aus Israel kommend: Hardas). Sie wird seit mehreren Jahrhunderten kultiviert und zeichnet sich durch ihren schwachen Wuchs und ihre kleinen, dicht stehenden dunkelgrünen, myrtenähnlichen Blätter aus. Die Chinotto blüht schon früh und überreich und setzt viele verwertbare Früchte an. Sie werden kandiert gegessen oder zu Saft verarbeitet. Durch Aussaat der Kerne kann die Chinotto vermehrt werden. Allerdings wird es sich gewöhnlich bei einem Teil der Sämlinge um die ursprüngliche Art *Citrus aurantium* handeln und nicht um die Varietät.

Bergamotte, Citrus bergamia, Syn. Citrus aurantium subsp. bergamia

Die Schale der Bergamotte duftet durch und durch nach Parfum. Werden kleine, unreife Früchte getrocknet, sind sie nach einigen Tagen hart wie Stein und geben kontinuierlich einen angenehmen Duft ab. Die Bergamotte ist auch eine schöne Kübelpflanze.

Zitronen, Zedrate, Limetten

Interessante Vertreter der Zitronen: Citrus limon 'Eureka'

Diese kalifornische Sorte wird in vielen Teilen der Welt angebaut. Sie trägt mittelgroße, ovale bis längliche Früchte mit nur kurzer, zitzenförmiger Ausstülpung.

Citrus limon 'Lisbon'

Häufig im Handel angeboten wird die Sorte 'Lisbon', die ihren Ursprung in Portugal hat. Sie ist gegenüber Temperaturschwankungen recht tolerant und zur Kultur im Kübel geeignet. Die

winterlichen Temperaturen sollten nicht in die Nähe des Gefrierpunktes fallen. Die typische zitzenförmige Ausstülpung der Zitronen ist bei der 'Lisbon' ausgeprägt und wirkt sehr dekorativ.

Zitronenfrüchte benötigen von der Blüte bis zur Reife oft ein Jahr.

Auch Parfümorange wird die Bergamotte genannt. Ihre sauren Früchte sind allerdings nicht schmackhaft.

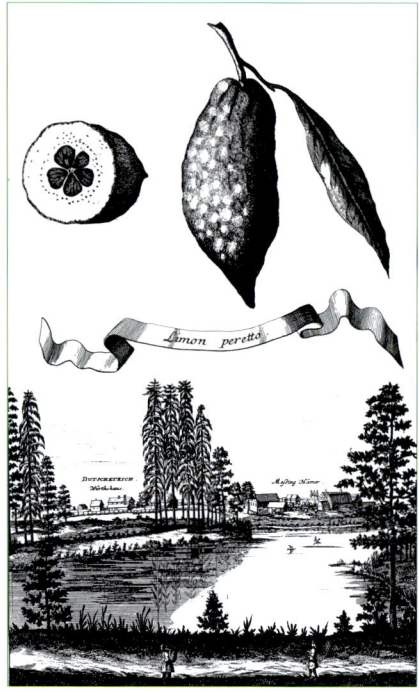

„Limon peretto" (aus: „Nürnbergische Hesperides", J. C. Volkamer, 1708).

Streifige Zitrone, Citrus limon 'Candiculatum'

Erhabene, manchmal auch wulstige Streifen zeichnen diese dekorative Zitronensorte aus. Wegen ihrer schönen hellgelben Früchte und ihres kräftig grünen Blattwerkes stellt sie eine besonders attraktive Pflanze dar.

Vier-Saison-Zitrone, Citrus limon 'Lunario'

Diese Zitronensorte wird in der Toskana und in Südfrankreich («Limon de Quatre Saisons») als dekorative Solitärpflanze angebaut und in Töpfen kultiviert. Nach der Hauptblütezeit im Frühjahr blüht und fruchtet die Vier-Saison-Zitrone auch während der übrigen Zeit des Jahres. Als Obstlieferant ist die Sorte von lokaler Bedeutung in Süditalien und den nördlichen Mittelmeeranrainerstaaten Afrikas.

Peretto-Zitrone, Citrus limon var. peretto

Schon FERRARI und VOLKAMER haben diese ungewöhnliche Zitrone beschrieben. »Peretto« bedeutet »Birn-Zitrone«, allerdings gleicht die Fruchtform nur mit viel Phantasie einer Birne. Da »dieser Baum zu keiner sonderlichen Grösse gelanget«, so VOLKAMER, und er »einer mehrern Wärme benöthiget und vor der scharffen Lufft wol will verwahret seyn«, komme er besser in »Geschirren« voran. Kurz: Eine für die Kübelkultur geeignete, wärmeliebende Zitruspflanze mit ungewöhnlichen Früchten.

Reiche Zitronenernte als Vorrat für eine kleine Familie.

Die Zitronat- oder Zedratzitrone wird als Stammpflanze aller Zitruspflanzen angesehen. Sie soll zu den ersten nach Europa eingeführten Zitrusgewächsen gehört haben. Wegen ihres Duftes wurde sie auch »Zedrat« genannt. Aus ihrer Schale wird das in Süddeutschland Zitronat, im Norden Sukkade genannte Backgewürz hergestellt. Hierzu werden die kurz vor der Reife geernteten Früchte halbiert, das sehr kleine Fruchtinnere wird entfernt und die Schale abgeschält. Die Hälften werden für etwa einen Monat in Salz- oder Meerwasser eingelegt. Anschließend wird das Salz ausgewaschen, und durch anschließendes Köcheln in einer Zuckerlösung werden die Fruchtstücke kandiert.

Zitronatzitronen können erhebliche Größen erreichen. Aus ihnen wird durch Kandieren das Backgewürz Zitronat hergestellt.

Interessante Vertreter der Zitronat- oder Zedratzitronen:

Citrus medica 'Diamante'

Diese Zedratsorte bildet ungewöhnlich große, rundliche Früchte. Die Pflanze ist wegen ihrer leuchtend gelben Früchte eine attraktive Kübelpflanze. In der Toskana wird sie gerne zur Zierde gehalten. Selbst junge Pflanzen können bereits große Früchte tragen.

Etrog-Zitronatzitrone, Citrus medica var. etrog

Hauptsächlich in Israel und bei vielen Zitrussammlern wird diese Varietät einer Zitronatzitrone kultiviert. Sie spielt eine wichtige Rolle im Rahmen des jüdischen Laubhüttenfestes im Herbstmonat Tischri (September/ Oktober). Ihre längliche Frucht ähnelt einem riesigen Wassertropfen, zuweilen auch einer gedrungen gewachsenen, sich einseitig verjüngenden Gurke. Wegen ihrer schönen Blätter, der purpurnen bis lila angehauchten Blütenknospen und ihrer Früchte ist die Etrog eine dekorative Kübelpflanze.

Nach dem amerikanischen Botaniker, Pathologen und weltweit anerkannten Zitrusexperten SWINGLE ist die heutige Etrog möglicherweise ein Überbleibsel der antiken Form der Zedrat- oder Zitronatzitrone. Aus ihr haben sich die übrigen heute bekannten Zedrate nach Selektionen entwickelt. Die Etrog ist demnach als eine Art Vorfahre heutiger Zitrusgewächse anzusehen.

Bei der Gefingerten Zitrone stehen die Fruchtsegmente einzeln und erinnern an die Finger einer Hand.

Gefingerte Zitrone, Citrus medica var. sarcodactylis

Diese Varietät, bekannt auch unter dem Namen Buddhas-Hand-Zitrone, zeichnet sich durch ihre Früchte aus, deren einzelne Segmente getrennt wachsen und dadurch an eine mehrfingrige Hand erinnern. Sie ist eine der ungewöhnlichsten Kübelpflanzen. Die Überwinterung sollte hell bei Temperaturen um 16 bis 18 °C erfolgen, nicht im lufttrockenen und zu dunklen Wohnzimmer. Bei zu niedrigen Temperaturen oder kaltem, feuchtem Boden leidet die Pflanze erheblich und ist anfällig für Infektionen. Pilzbefall kann die Gefingerte Zitrone innerhalb kurzer Zeit vernichten.

Interessante Vertreter der Limetten: Saure Limette, Citrus aurantiifolia

Die Saure Limette ist unter weiteren Namen wie West Indian Lime, Mexican Lime, Swingle Lime oder Key Lime bekannt. Bei uns wird sie auch als Limone oder Lime bezeichnet. Ihre mittelgroßen grünen bis gelben Früchte an dornigen Zweigen sind besonders saftreich, aromatisch

Grüne, sauer-aromatische Früchte trägt die Tahiti-Lime (Text Seite 40).

Der pure Saft der Süßen Palästinensischen Limette erinnert an gesüßten, wasser-
verdünnten Zitronensaft.

und sehr sauer. Oft sind sie reich an
Samen, nicht selten sind 15 oder
mehr in einer Frucht zu finden. Die
Pflanze ist wärmebedürftig und sollte
im Kübel bei Temperaturen von mindestens 12 bis 14 °C überwintert werden. Feuchtkalte Luft und kalter Boden im Winter können die Pflanze
vernichten.

Tahiti Lime, Citrus latifolia

Die Früchte der Tahiti Lime (auch
Persian Lime oder Bears Lime), einer
nicht ganz so empfindlichen Limette,
werden mittelgroß bis groß und sind
gewöhnlich samenlos. Die Farbe ihrer
Schale bleibt auch im Reifezustand
kräftig grün. Außerdem sind die
Zweige dieser Art im Allgemeinen
nicht bedornt.

Süße Palästinensische Limette, Citrus limettoides

Sehr schmackhaft und aromatisch ist
die bei uns als Frucht nahezu unbe-
kannte Süße Limette oder Süße Paläs-
tinensische Limette. Ihre runden gelben, selten gelbroten Früchte erreichen Orangengröße. Ihr süßer Saft hat
einen aromatischen, zitronenartigen
Geschmack. Im Iran wird die dornen-
bewehrte Süße Limette in großem Stil
zum Eigenbedarf und zum Export angebaut. Sämlinge dieser Art werden
gelegentlich als starkwüchsige Veredelungsunterlagen verwendet.

Römische Limette, Citrus limetta

Die Früchte der Römischen Limette
sind äußerst dekorativ: sie haben eine
deutlich ausgeprägte, markant-zitzen-

förmige Ausstülpung an der dem Stängelansatz gegenüberliegenden Seite (Foto siehe Seite 75).

Interessante Hybriden der Zitronenartigen:
Limequat (Saure Limette × Kumquat)

Die Frucht der Limequat, *Citrus aurantiifolia × Fortunella* spec., erinnert an eine sehr kleine Zitrone oder an eine gelbe Kumquat. Sie sollte der Zitrone Konkurrenz machen, da ihr Fruchtfleisch besonders saftig und sauer sowie höchst aromatisch ist. Gegenüber der Zitrone hätte sie zudem den Vorteil, nur »eine Portion« darzustellen. Somit würde sich das Zerschneiden einer großen Zitrone erübrigen. Durchgesetzt hat sich diese Idee jedoch nicht, möglicherweise wegen der weniger guten Lagerfähigkeit der Limequat. Als Kübelpflanze ist die kleinblättrige, leicht bedornte Limequat sehr dekorativ; sie wächst kräftig und auffällig sparrig. Drei Sorten der Limequat sind bekannt, die sich äußerlich nicht wesentlich unterscheiden: 'Eustis' und 'Lakeland', Hybriden aus *Citrus aurantiifolia × Fortunella japonica* sowie 'Tavares', Hybrid aus *Citrus aurantiifolia × Fortunella margarita*.

'Lipo' (vermutlich Zitrone × Pampelmuse)

Entstanden ist diese großfruchtige Zitronenhybride wahrscheinlich in Italien. Kreuzungspartner sollen Zitrone, *Citrus limon*, und Pampelmuse, *Citrus*

Oben: Pralle, saftigsaure Früchte der Limequat 'Eustis'.
Unten: Besonders große, ansehnlich Früchte trägt die 'Lipo'.

grandis, sein. Als andere mögliche Kreuzungspartner werden Grapefruit, *C. × paradisi*, oder Zitronatzitrone, *C. medica* diskutiert. Die 'Lipo' ist nicht sehr starkwüchsig und trägt an ihren hellen, bedornten Zweigen große dekorative Blätter, die an die Blätter der Zitronatzitrone erinnern. Ihre leuchtend gelben, sauren Früchte ähneln äußerlich denen einer Pomelo. Die 'Lipo' zählt wegen ihrer dekorativen Erscheinung zu den schönsten Kübelpflanzen.

Glatt- und dünnschalige, gelborangefarbene Früchte der Zitrone 'Meyer'.

Oscar-Zitrone (vermutlich Zitrone × Zedratzitrone oder Mexikanische Limette)

Bei dieser Zitruspflanze handelt es sich um eine Zufallskreuzung, entstanden in einer toskanischen Baumschule. Die Elternpflanzen sind vermutlich Zitrone, *Citrus limon*, und Zitronatzitrone, *Citrus medica*. Die Pflanze zeichnet sich durch ihren gedrungenen Wuchs und ihre frühe Fruchtbarkeit aus. Die im Durchschnitt nur etwa 5 cm kleinen und spitz zulaufenden, zitronenartigen Früchte sind leuchtend gelb und glattschalig. Sie erscheinen in größerer Anzahl auch schon an kleinen Pflanzen und machen diese Hybride daher zu einer attraktiven Topf- beziehungsweise Kübelpflanze. Ihre sauren Früchte können wie eine Zitrone verwendet werden. Stecklinge der Oscar-Zitrone bewurzeln leicht, so dass diese Vermehrungsart bevorzugt wird.

Zitrone 'Meyer' (vermutlich Zitrone × Orange)

Diese Zitronenhybride, *Citrus × meyeri*, Syn. *Citrus limon* 'Meyeri', wurde nach dem Amerikaner Frank Meyer benannt, der die Pflanze in der Nähe von Peking fand. Früchte befinden sich gewöhnlich während des ganzen Jahres an der Pflanze. Sie entstammt vermutlich einer Kreuzung zwischen Zitrone und Orange und verträgt sowohl niedrige, als auch hohe Temperaturen. Ihre sehr saftigen, glattschaligen Früchte werden wie Zitronen genutzt. *C. limon* 'Meyeri' ist wegen ihres gedrungenen Wuchses und ihrer schönen glattschaligen, gelborangefarbenen Früchte eine besonders attraktive Kübelpflanze, die zeitweise wie eine Calamondin auf der Fensterbank gehalten werden kann. Die Vermehrung erfolgt oft durch Stecklinge.

Grapefruits, Pampelmusen und Pomelos

Interessante Vertreter der Grapefruits:
Von der Grapefruit, *Citrus × paradisi*, existiert folgendes für die Kultur lohnenswerte Sortenspektrum: 'Marsh Seedless' ist eine der beliebtesten großfruchtigen und kernlosen, leuchtend gelben Grapefruits. Die etwas kleinere 'Duncan' ist kernreich, aber mit bestem Aroma und Vitamingehalt ausgestattet.

Citrus paradisi 'Sunrise'.

'Marsh Pink' hat rosafarbenes Fruchtfleisch.
Rotes, meist süßaromatisches Fleisch
haben die Sorten 'Star Ruby' und
'Ruby Red'. Besonders süß ist 'Sunrise'.
Alle Sorten sind gut im Kübel zu halten, wenn er angemessen groß ist und
die Kultur optimal erfolgt. Dann
fruchten schon junge Veredelungen
auch in unserem Klimabereich. Die
Überwinterung sollte bei 10 bis 12 °C
erfolgen, auch im Ballenbereich.

Interessante Vertreter der Pampelmusen:
Citrus grandis (Syn. C. maxima oder C. decumana) 'Djeroek Bali'

Diese aus Malaysia stammende Pam-
pelmusenfrucht ist in Südostasien wegen ihres süßsauren Geschmacks und
dem kräftigen Aroma beliebt. Interessant sind auch die javanischen Sorten
'Pandan' und 'Beuer' mit würzigem,
rotem Saft.

GRAPEFRUITS

Die Grapefruit ist möglicherweise auf den
Westindischen Inseln aus einer Kreuzung zwischen der Pampelmuse und der Orange entstanden. Fälschlicherweise wird die Grapefruit
oft auch mit Pampelmuse bezeichnet. Die
Früchte der Grapefruitpflanze erreichen eine
Größe bis etwa 12 cm. Sie wachsen in Trauben,
daher ihr Name: »grape« (engl.) = Traube.
Selbst junge, nur 50 cm große Pflanzen im Kübel können bereits fruchten. Grapefruits lieben höhere Temperaturen. Sie gedeihen im
Kübel gut und sind dort wegen ihrer traubenartig angeordneten, fleischigen, stark duftenden Blüten eine besondere Zierde.
Die Früchte sollten in reifem Zustand geerntet
werden, weil sie dann das beste Aroma haben. Auch kleiner bleibende Früchte sind
schmackhaft, wenn sie an der Pflanze ausreifen können.

Reichfruchtende Grapefruit 'Thompson': jedes Jahr
ein wahrer Erntesegen.

PAMPELMUSEN

Pampelmusen gedeihen besonders gut in subtropischem bis tropischem Klima. Sie sind als Kübelpflanzen geeignet, wenn ein entsprechend eingerichtetes Gewächshaus oder ein Wintergarten vorhanden sind. Typisch für Pampelmusen sind ihre deutlich geflügelten Blattstiele und ihre mit einem zarten Haarflaum bedeckten jungen Triebe und Blätter. Manche Pflanzen haben sehr kräftige, bis zu 10 cm lange Dornen. In ihrer Heimat erreichen Pampelmusenpflanzen eine Höhe von zum Teil weit über 15 Metern. Pampelmusenfrüchte sind bei uns nicht im Handel. Gelegentlich werden Grapefruits fälschlicherweise auch als Pampelmusen angeboten.

POMELOS

Bei der Pomelo handelt es sich um eine Kreuzung aus Grapefruit und Pampelmuse. Die großen, oft birnenförmigen Früchte der Pomelo werden überwiegend aus Israel importiert, wo sie nördlich von Nethania und bei Jericho angebaut werden. Ihre dicke, porige, grünliche bis gelbgrüne Schale kann weiterverarbeitet werden. Durch Kandieren wird ein schmackhaftes Gewürz hergestellt. Das kräftige Fruchtfleisch ist sehr milde und von süßem bis süßsäuerlichem, mittelaromatischem Geschmack.

Die Pomelo kann als Kübelpflanze kultiviert werden. Ihre stattlichen, großen, stark geflügelten Blätter und ihre wulstigen, porzellanartigen Blüten machen sie vom Frühjahr bis zum Herbst zu einer Schönheit. Selbst die Früchte können hier ausreifen, auch wenn sie nur etwa die Größe von Grapefruits erreichen. Bei der Bezeichnung »Pomelo« kommt es immer wieder zu Missverständnissen, da der Name in zweierlei Hinsicht verwendet wird. Als Pomelo wird zum einen die Kreuzung zwischen Pampelmuse und Grapefruit bezeichnet. In Südeuropa wird mit Pomelo zuweilen auch die Grapefruit bezeichnet.

Pomelo-Frucht in einer Plantage in Israel. Auch bei Reife kann die Fruchtschale leicht grünlich bleiben.

Interessante Hybriden der Grapefruits, Pampelmusen und Pomelos: 'Sweety' (Grapefruit × Pomelo oder Pampelmuse)

Diese Sorte ist auch unter dem Namen 'Oroblanco' bekannt. Die Schale der Früchte bleibt auch im Reifezustand grün, gelegentlich mit leicht gelber Backe. Die Früchte sind sehr süß, von gutem Geschmack und haben einen hohen Vitamin C-Gehalt. Sie sind gut in Kübeln zu kultivieren, wenn die Voraussetzungen, eingehalten werden (siehe Seite 43).

Kumquats

Interessante Vertreter der Kumquats: Ovalfrüchtige Kumquat, Fortunella margarita

Diese Art mit ihren ovalen, leuchtend orangefarbenen, pflaumengroßen Früchten stellt eine besondere Zierde sowohl im Kübel als auch ausgepflanzt im frostfreien Wintergarten beziehungsweise Gewächshaus dar. *Fortunella margarita* 'Variegata' hat grünweiß oder grüngelb panaschiertes Laub. Die noch unreifen Früchte weisen eine grün und weißgelb gestreifte Schale auf. Vollreife Früchte sind in Form und Ausfärbung äußerlich von der reinen Art nicht mehr zu unterscheiden. Reicher Blütenansatz erfolgt insbesondere nach kühler, heller Überwinterung.

Marumi- oder Rundfrüchtige Kumquat, Fortunella japonica

Diese seltener anzutreffende Art bildet runde, weniger leuchtende, aber bei Reife zuckersüße Früchte aus. Sie ist deutlich schwächerwüchsig als die zuvor beschriebene Art und gedeiht gut auch bei etwas höheren Temperaturen (Bild siehe Seite 15).

Hongkong-Kumquat, Fortunella hindsii

Die roten, runden Früchte der Hongkong-Kumquat werden nur gut erbsengroß, sind aber nicht essbar. Die mit kräftigen Dornen ausgestattete Pflanze ist schwachwüchsig und sehr frühzeitig blühend und fruchtend.

KUMQUATS

Robert Fortune erforschte die Tee-Regionen Chinas und brachte von dort Ovalkumquats mit nach London. Nach ihm wurde die Gattung *Fortunella* benannt, deren Arten zuvor überwiegend der Gattung *Citrus* zugerechnet wurden. Fruchtbehangene Kumquatpflanzen gehören zu den schönsten Kübelpflanzen. Sie gedeihen an jedem sonnigen Platz. Die Früchte werden, mit Ausnahme der Hongkong-Kumquat, mitsamt der süßlichen Schale verzehrt.

Oben: Kucle (links oben), *Fortunella margarita* (links unten), *F. hindsii* (rechts). Unten: *Fortunella margarita*.

Über und über mit erbsengroßen „Mini-Kumquats" behangen: Hongkong-Kumquat, *Fortunella hindsii*.

Wegen ihres besonders schwachen und gedrungenen Wuchses und ihrer guten Schnittverträglichkeit eignet sich diese Art gut zur Bonsaikultur.

Poncirus-Arten

Da neben der Gattung *Citrus* auch die Gattungen *Fortunella* und *Poncirus* zu den Zitruspflanzen gezählt werden, ist die Dreiblättrige Orange, *Poncirus trifoliata*, der frosthärteste Zitrusvertreter. Die laubabwerfende Art verträgt im Freiland Temperaturen bis zu –25 °C und kann deshalb frei ausgepflanzt werden. Der beste Pflanztermin ist das Frühjahr. Im folgenden Winter sollten gerade junge Pflanzen zum Schutz vor starken Frösten noch

abgedeckt werden. Die im Herbst reifenden, gelb, flaumig behaarten Früchte haben einen strengen, bittersauren Geschmack. Sie sind zwar sehr dekorativ, aber nicht genießbar. Schwachwüchsiger als die Art ist *Poncirus trifoliata* var. *monstrosa*, genannt Flying Dragon. Ihr Drehwuchs und ihre nach unten wachsenden Dornen machen sie auffällig und interessant. Als Veredelungsunterlage verleiht sie der aufveredelten Sorte einen deutlich schwächeren Wuchs, verglichen mit dem der Art als Unterlage. Aus China wird von einer zweiten *Poncirus*-Art berichtet, die sich in Morphologie und Habitus von der bislang einzigen bekannten Vertreterin innerhalb der Gattung unterscheiden soll.

Seltene Zitrusverwandte für den Liebhaber

Alemow, Citrus macrophylla

Die Alemow oder Colo stammt von den Philippinen. Ihre Zweige tragen mittelgroße, blassgrüne Blätter und sind stark bedornt. Fruchtbehangen stellt sie eine attraktive Kübelpflanze dar. Sie gedeiht in warmem Klima und kann ganzjährig in einem Wintergarten kultiviert werden. Ihre großen, Pampelmusen ähnelnden, bittersauren Früchte haben eine runzelige Schale. *C. macrophylla* findet gelegentlich als Veredelungsunterlage für zitronenartige Zitruspflanzen Verwendung.

Australische Wüstenlimette, Eremocitrus glauca

Wegen ihrer Salztoleranz und Trockenheitsresistenz werden Arten der Gattung *Eremocitrus* (überwiegend *Eremocitrus glauca*) als Unterlage, aber auch als Zierpflanze verwendet. Ihre Früchte werden in Australien zu Marmelade verarbeitet.

Oben: Australian Finger Lime, *Microcitrus australasica*.
Unten: Stark bedornt und einige Frostgrade vertragend: Ichang-Papeda, *C. ichangensis* (Beschreibung Seite 48).

Birnenförmige Zitrone, Citrus pyriformis

Diese interessante Zitruspflanze besitzt eine eigenwillige Fruchtform. Der recht schwache Wuchs und ihre ziemlich kleinen Blätter machen sie zu einer ungewöhnlichen Kübelpflanze, deren Ansprüche mit denen der Zitrone vergleichbar sind. Die Früchte verwendet man wie Zitronen.

Finger-Limette, Microcitrus australasica

Diese attraktive Pflanze mit kleinen, schmalen Blättern besitzt hohe Resistenzeigenschaften gegen Krankheiten. Deshalb wird sie versuchsweise auch als Veredelungsunterlage und als Kreuzungspartner verwendet. Die Art sieht wegen ihres zierlichen Blattwerkes einer Myrte sehr ähnlich.

Sie liebt höhere Temperaturen. Die zylindrischen, gurkenähnlichen, grünen Früchte können über 10 cm lang werden. Ihr Aroma ist zitronenartig, zuweilen jedoch mit leicht terpentinartigem Nachgeschmack.

Ichang-Papeda, Citrus ichangensis

Diese Art ist nach SWINGLE und REECE die kälteresistenteste immergrüne Citrus-Art. Bemerkenswert sind ihre langen, auffällig geflügelten Blätter an stark bedornten Zweigen. Schon junge Pflanzen vermögen die typischen kleinen, in Büscheln auftretenden Blüten auszubilden und rauschalige grüne, relativ flache Früchte anzusetzen. Ihre Schale färbt sich bei Reife gelblichgrün. Auffällig groß sind ihre Samen. Aufgrund ihrer Kälteresistenz ist die Art bei der Züchtung von wetter- und kälteunempfindlicheren Citrus-Hybriden von Interesse. Als Kübelpflanze gezogen, vermag die Ichang-Papeda schon im zweiten Jahr zu blühen (Abb. Seite 47). Die Früchte sind von strengem, saurem Geschmack und daher nicht genießbar.

Kucle (Kumquat × Clementine)

Bei dem Namen dieser Zier-Zitruspflanze handelt es sich um ein Kunstwort aus den Anfangssilben der Kreuzungspartner Ku- (von Kumquat) und Cle- (von Clementine). Ihre an Kumquatpflanzen erinnernden, ungewöhnlich großen, orangefarbenen Früchte sind sehr sauer. Diese wüchsige Zierpflanze eignet sich bestens zur Kübelkultur.

Murraya-Arten

Die glänzenden, tiefgrünen Blätter von Murraya paniculata machen diese Art zu einer dekorativen Kübelpflanze. Die Blätter von M. koenigii sind als so genannte „Curry-Leaves" Bestandteil vieler indischer Gerichte. Diese Art ist sehr wärmebedürftig und sollte auch im Winter nicht unter 16 -18 °C gehalten werden.

Papeda, Citrus hystrix

Diese Art stammt aus Südostasien. Aus den kleinen Blüten gehen 4 bis 6 cm große grüne Zitrusfrüchte hervor. Sie haben eine typische welligrunzelige Oberfläche und erscheinen schrumpelig. Die Früchte werden nicht gegessen, sie werden wegen ihres Duftes als Mittel gegen Kleidermotten verwendet. Während der Kolonialzeit führten die Holländer auf Sri Lanka (Ceylon) Kopfwaschungen mit dem zerdrückten Mark der Papeda-Früchte ein. Solche Waschungen wirkten intensiv gegen Ungezieferbefall. Das war der Hauptgrund für die Verbreitung von Citrus hystrix im ostasiatischen Raum und Teilen des asiatischen Festlandes. Die stark geflügelten Blätter an den kaum oder unbedornten Zweigen der Papeda-Pflanze werden als Würzmittel in der asiatischen Küche verwendet.

Rangpur-Limette, Citrus limonia

Als Zierorange wird die schwachwüchsige, zumeist stecklingsvermehrte Rangpur-Limette angeboten. Sie trägt calamondinähnliche, jedoch größere Früchte. Verbleiben diese länger an der Pflanze, werden sie unter der Schale oft luftig. Unter der Bezeichnung »Pinocchio-Orange« wird die kleinfruchtige und sehr saure Selektion 'Rangpur Lime' in der Toskana häufig angeboten. Die Schalenfarbe dieser leicht durch Stecklinge vermehrbaren Zitruspflanze ist bei Reife leuchtend rotorange. Von der Rangpur-Limette gibt es weitere zahlreiche unbenannte Selektionen und Sorten, die sich alle hervorragend zur Topfkultur eignen.

Runde Australische Limette, Microcitrus australis, Syn. Citrus australis

Die Runde Australische Limette, in ihrer Heimat Nordostaustralien auch »Round Lime« und »Dooja« genannt, kann bei uns als Zier- oder Bonsaipflanze sowohl im Zimmer als auch im Sommer im Freien gehalten werden. Ihre 2,5 bis 5 cm großen runden, rauschaligen Früchte haben einen sehr sauren Geschmack.

Severinie, Severinia buxifolia

Ebenfalls zur Zitrusverwandtschaft zählt die Severinie. Sie trägt kleine, schwarzblaue »Zitrusfrüchte«, die allerdings eher Heidelbeeren ähneln. Diese schöne Kübelpflanze wächst buschig gedrungen, wenn sie auf *Poncirus trifoliata* veredelt wurde. In den USA ist sie unter der Bezeichnung »Box-*Citrus*« (Buchs-Zitrus, wegen ihrer Blätter) eine häufiger anzutreffende Topfpflanze.

Wampi, Clausena lansium

Die chinesischen Wampi-Früchte wachsen traubenartig an den Triebenden und schmecken sehr angenehm. Im Kübel läßt sich die subtropische Obstart nur dann gut kultivieren, wenn ihr ein warmer, heller und gut belüfteter Platz auch im Winter geboten werden kann.

Weiße Sapote, Casimiroa edulis

Diese wichtige Zitrusverwandte stammt aus den Hochlagen der Anden und Mexikos. Sie wird jedoch auch im Süden Floridas angebaut. Das zeigt, dass sie tolerant gegenüber der Temperatur ihres Standortes ist und zu den robusteren Pflanzen für die Kübelkultur zählt. Die orangengroßen Früchte, Sapoten genannt, schmecken ausgezeichnet. Sapoten erreichen auch im Kübel eine Größe von zwei Metern oder mehr.

Pflanzeneinkauf

Hat man die Frage des richtigen Standortes abgeklärt, kann man die gewünschte Zitruspflanze erwerben. Aber auch dabei gibt es einiges zu beachten.

Denn: Je besser die Qualität der erworbenen Pflanze, desto sicherer der Kulturerfolg.

- **Gartencenter** sind zumeist Handelsbetriebe, die die Pflanzen im Süden einkaufen und hier weiterverkaufen. Die Beratung beschränkt sich häufig auf die Informationen, die durch den Zulieferbetrieb erfolgt sind. Es handelt sich dabei in der Regel nur um Angaben über die Art der Pflanze. Befindet sich an ihr aber noch ein Etikett, so kann oft auch die Sorte und die Veredelungsunterlage erkannt werden. In Gartencentern sind neben der Calamondin gelegentlich auch Apfelsinen, Zitronen und Mandarinen erhältlich.
- **Baumschulen**, die mediterrane Pflanzen führen, haben oft kein so umfangreiches Gesamtangebot wie Gartencenter, sind dann aber auf mediterrane Pflanzen spezialisiert. Daher kann man mit einer größeren Anzahl von Arten und Sorten rechnen. In einem spezialisierten Betrieb erfolgt die Beratung in der Regel intensiver und sachkundig.
- **Blumenfachgeschäfte** führen hin und wieder Zitruspflanzen. Die beliebteste Art ist hier die Calamondin, weil sie bereits als kleine Pflanze reich blüht und fruchtet und sich als Zimmerpflanze eignet. Sie passt daher sehr gut ins Sortiment. Seit einiger Zeit werden kleine, fruchtbehangene Kumquatbäumchen auch als Zierpflanzen angeboten. Allerdings ist ihre Pflege schwieriger.
- **Versandbaumschulen**, die auch Zitruspflanzen führen, gibt es nur wenige. Hier kann man oft ganzjährig viele Sorten bestellen. Geliefert wird dann zu einer geeigneten oder vereinbarten Zeit. Die Preise sind unterschiedlich. Große Versender bieten oft zwei oder drei gängige Arten als Jungpflanzen an, die durchaus preiswert sein können.
- **Spezialisierte Anzuchtbetriebe**, die selbst Zitruspflanzen anziehen, können nahezu jeden Sortenwunsch erfüllen, sofern entsprechendes Reisermaterial zur Verfügung steht. Die Jungpflanzen kommen gewöhnlich nach dem Austrieb und der Abhärtung zur Auslieferung. Je nach dem Zeitpunkt der Veredelung können somit noch sechs bis neun Monate vergehen.

Auf die Qualität kommt es an

Zitruspflanzen werden bei uns überwiegend im Kübel gehalten und getopft erworben. Sie stehen in kleinen Töpfen oder größeren Containern. Die günstigste Zeit zum Erwerb ist das Frühjahr, etwa von Ende März bis in den Juni. Dann kann man sowohl die Blüte als auch die Ausbildung der Früchte miterleben und hat gewöhnlich keine Wetterprobleme. Hat eine optimale Überwinterung stattgefunden, ist die Pflanze wüchsig und erfreut mindestens bis zum Herbst. Zitruspflanzen werden in sehr unterschiedlichen Qualitäten angeboten. Damit man eine wirklich gesunde, kräftige Pflanze ersteht, sind folgende Punkte zu beachten:

- Das Laub der Pflanze sollte eine **sattgrüne Farbe** aufweisen. Sehr hellgrüne oder gelbliche bis gelblichweiße Blätter weisen meist auf Nährstoffmangel hin, der unter an-

Bei der Vier-Saison-Zitrone, *C. limon* 'Lunario', sind oft alle Stadien der Fruchtreife anzutreffen, von der Blüte über kleine grüne Früchte bis hin zu reifen Zitronen.

derem durch einen hohen pH-Wert des Bodens, Staunässe und Bodenluftprobleme verursacht sein kann.

– Die Pflanze sollte ihrem Alter entsprechend **verzweigt** sein. Junge Pflanzen haben zumeist nur einen Haupttrieb und eventuell wenige, kurze Seitentriebe. Wurden junge Pflanzen frühzeitig gestutzt, sind sie zwar stärker verzweigt, jedoch recht klein und haben zarte Triebe.

– Ältere Pflanzen sollen **kräftig, buschig** und **gut belaubt** sein. Einige Arten neigen allerdings zum (partiellen) Verkahlen.

– Stammformen sollen eine **volle, dichte Krone** aufweisen. Bei Orangeriepflanzen wird zudem häufig auf einen makellosen, geraden Stamm und einen korrekten Verlauf und Winkel der Leitäste zum Stamm besonderer Wert gelegt.

Auch die weitere Verzweigung muss den ästhetischen Vorgaben beziehungsweise Erwartungen entsprechen. Oft sind historisch bedingte Erfordernisse bei der Pflanzenauswahl zu berücksichtigen.

Wurzelballen und Substrat

Zitruspflanzen sollten möglichst von Anfang an in Pflanzgefäßen angezogen werden. Das kann an einer gesunden Blattfarbe, einer kräftigen Krone und einem unbeschädigten Wurzelballen erkennbar sein. Der Ballen muss sich gut durchwurzelt in einem durchlässigen Pflanzsubstrat befinden. Reine Lehmballen deuten auf Feldkultur hin. Diese Pflanzen werden gewöhnlich dem Anzuchtquartier im Freiland entnommen, stark zurückgeschnitten und mit Lehm neu balliert. Bei solchen Pflanzen können im hiesigen Klima Probleme beim An- oder Weiterwachsen auftreten. Stehen optimale Kulturbedingungen, zum Beispiel in Form eines geeigneten Anzuchtgewächshauses, zur Verfügung, kann nach dem Umtopfen in Anzuchterde eine Weiterkultur gelingen.

Veredelte Pflanzen

Die Veredelungsstelle ist häufig an einem Wulst, einer Verdickung oder einem Unterschied in Farbe oder Struktur der Rinde zu erkennen. Sie befindet sich überwiegend am Wurzelhals oder bis zu 10 cm über der Erde. Veredelungen in Kronenhöhe werden zuweilen bei Stammformen ausgeführt. Bis auf wenige Ausnahmen (bei den Sortenbeschreibungen genannt) sollte man möglichst nur veredelte Zitruspflanzen erwerben. Sie haben gegenüber anders vermehrten Pflanzen zahlreiche Vorteile: Sie blühen und fruchten früher, sind weniger krankheitsanfällig, stehen sicher auf der Wurzel und Sortenechtheit ist gewährleistet.

Pflanzen aus Stecklingen

Wachsen aus dem Boden mehrere Triebe, handelt es sich gewöhnlich um stecklingsvermehrte Pflanzen. Sollen Pflanzen aus Stecklingsanzucht gekauft werden, müssen sie fest im Boden stehen und dürfen keine braunen, trockenen Stellen im unteren Bereich der Triebe zeigen. Dies könnte auf Pilzbefall hindeuten.

Der richtige Standort

Zitruspflanzen bedürfen einer gewissen Mindestpflege und benötigen einen günstigen Standort zum Gedeihen. Die klimatischen Bedingungen in einem begrenzten Raum, das Kleinklima, muss der Zitruspflanze zusagen, denn nur dann wird sie im Frühjahr üppig blühen und anschließend auch Früchte tragen. Das beste wäre natürlich, man könnte die Wachstumsbedingungen schaffen, die in der asiatischen Heimat der Zitrusgewächse herrschen. Da dieses aber nicht möglich ist, gilt es, sich den einzelnen Faktoren möglichst optimal anzunähern.

Wind

Zitruspflanzen sind bei uns windempfindlich. Stehen sie an einem windigen oder zugigen Platz, so leiden sie dadurch erheblich. Junge Triebe können ihre zarten Blätter verlieren, die Triebspitzen können eintrocknen, was schließlich zum Verkahlen der ganzen Pflanze führt. Außerdem werden die Pflanzen anfällig für Krankheiten und Schädlinge.

Sonne und Wärme

Besonders gut gedeihen Zitrusgewächse bei hohen Temperaturen an einem vollsonnigen Standort. Daher können Zitruspflanzen nach den letzten Frösten ins Freie und von Mai bis in den Herbst hinein an den wärmsten und sonnigsten Platz gestellt werden. Wichtig: Wurde die Pflanze an einem weniger hellen Ort überwintert, so sind die Blätter zuerst empfindlich gegen direkte Sonnenbestrahlung und große Hitze. In diesem Fall müssen sie im Frühjahr erst einen halbschattigen oder schattigen Platz

als Standort erhalten, um die Pflanze langsam an die neuen Umweltbedingungen zu gewöhnen.

Südlagen vor Hausmauern oder Plätze in einem Atrium eignen sich besonders gut, weil dort die Wärme des Tages gespeichert und in der Nacht abgegeben wird. So entsteht ein günstiges, ausgeglichenes Kleinklima. Nordlagen sowie kalte und schattige Plätze sind ungeeignet. West- und Ostlagen sind geeignet. Der Standort sollte möglichst frei von Zugluft sein. Zitruspflanzen dürfen nicht zu dicht nebeneinander aufgestellt werden, da sie sich sonst durch ihr umfangreiches Blattwerk gegenseitig beschatten.

Boden

Der überwiegende Teil der in Pflanzgefäßen gehaltenen Zitruspflanzen wird auf die Dreiblättrige Orange, *Poncirus trifoliata*, veredelt. Da die Unterlage den Wurzelstock bildet, muss das Pflanzsubstrat ihren Bedürfnissen genügen. Die Dreiblättrige Orange liebt sauren Boden und ist empfindlich gegen Kalk. Der günstigste pH-Wert beträgt 6 bis 6,5. Hochstämmige Zitruspflanzen werden oft auf Pomeranze veredelt. Hier muss insbesondere darauf geachtet werden, dass der Boden nicht übernässt wird und zu kalt ist, denn dies vertragen Pomeranzen nicht. Weiteres zu Standort- und Kulturbedingungen siehe Seite 63ff.

Gekauft – und dann?

Endlich – nach Vorüberlegungen zur Standortfrage und nach sorgfältiger Auswahl wurde die »richtige« Zitruspflanze erstanden.

Doch wie transportiert man die Pflanze unversehrt nach Hause? Welche Maßnahmen helfen der Pflanze beim Eingewöhnen an die neue Umgebung?

Hier stehen die Antworten.

Transport der Pflanzen

Während des Transports von Zitruspflanzen muss der Wurzelballen bzw. der Topf durch Umwickeln von Papier geschützt sein. Austreibende Pflanzen müssen sehr vorsichtig transportiert werden, da junge Austriebe leicht abbrechen können. Das gleiche gilt für Pflanzen mit Knospen und Blüten. Haben sich aber schon etwa pflaumengroße Früchte gebildet, sind diese wesentlich widerstandsfähiger. Sie können ohne weiteres einen Stoß vertragen. Ist der Ballen trocken, muss gleich gegossen werden. Abgeknickte Äste werden über einer Knospe beziehungsweise einem Blatt abge-

schnitten. Die neu erstandene Pflanze ist vorerst an einen halbschattigen, nicht vollsonnigen Platz zu stellen. So kann einem Sonnenbrand vorgebeugt werden.

Die richtige Erde

Damit sich die neu erworbene Zitruspflanze am neuen Standort richtig wohlfühlt, benötigt sie ein geeignetes Pflanzsubstrat. In den Anzuchtgebieten südländischer Baumschulen gedeihen die Pflanzen in fast jedem Boden, weil die klimatischen Verhältnisse optimal sind. Bei uns muss der Boden die günstigste Zusammensetzung haben, damit andere fehlende Faktoren wettgemacht werden können. Gerade bei Kübelkultur ist die Wahl des richtigen Bodens von großer Bedeutung.

Selbst hergestellte Pflanzerde

Das Beste, was wir einer Zitruspflanze geben können, ist ein nährstoffreicher, humoser und durchlässiger Boden. Diese können Sie aus folgenden Komponenten selbst zusammenstellen:

Humus (lateinisch: Boden) bildet sich auf der obersten Bodenschicht durch langsame Zersetzung organischer Stoffe. Er ist besonders nährstoffreich, wasserspeichernd und reagiert durch den Gehalt an Huminsäure sauer. Durch Kompostieren pflanzlicher Abfälle kann wertvoller Humus gewonnen werden. Gute Gartenerde

---

WO SOLL DIE ZITRUSPFLANZE WACHSEN?

Zitruspflanzen lassen sich auf verschiedene Art kultivieren:
- Im Zimmer bzw. Wintergarten oder Gewächshaus,
- im Kübel,
- ausgepflanzt im Garten.

Zur Zimmerkultur eignen sich besonders Arten, die nicht übermäßig stark wachsen und höhere, gleichmäßige Temperaturen lieben. Hier sei besonders die Calamondin genannt. Im winterlich temperierten (frostfreien) Gewächshaus können alle Arten ganzjährig kultiviert werden. Pflanzen in Kübeln sind mobil. Sie können kurzfristig umplatziert werden, wenn ihnen der Standort nicht mehr zusagt oder die klimatischen Bedingungen dies ratsam erscheinen lassen.

Wichtig: Vorsichtiges Umtopfen, ohne die Wurzeln zu beschädigen.

enthält oft neben Sand und Lehm auch Humus.

Lehm und **Ton** speichern Wasser und Nährstoffe. Ein kleinerer Anteil hiervon sollte zugesetzt werden.

Sand, am besten normaler Quarzsand, verbessert die Durchlässigkeit schwerer Böden. Er sollte sehr lehmhaltigen Substraten stark beigemischt werden. Der Sand darf jedoch nicht zu fein sein, da er sonst zum Verschlämmen neigt und beim Gießen heraus gespült werden kann.

Sterile Pflanzerde

Gedämpfte Erde enthält keine pflanzenschädigenden Larven, Pilzsporen und Wildkrautsamen. Zu diesem Zweck gibt es spezielle Dämpfgeräte, bei denen Wasserdampf das Substrat sterilisiert. Geringe Mengen können auch in einem Gefäß im Backofen keimfrei gemacht werden. Erforderlich ist hierzu etwa 20 Minuten lang eine Temperatur von 120 bis 150 °C.

Ballierte Pflanzen werden gelegentlich von Gartencentern oder Baumschulen angeboten. Auch während des Urlaubs in südlichen Ländern kann man solche Pflanzen erstehen. Zum Eintopfen wird zuerst die Ballenverpackung entfernt. Dies muss vorsichtig geschehen, damit nicht die ganze Erde abfällt und dabei die feinen Wurzeln abgerissen werden. Oft sind ballierte Zitruspflanzen von 2 bis 3 cm breiten Polyethylen-Streifen durchzogen, die den Ballen zusammenhalten sollen.

Schneiden Sie diese auf und ziehen Sie sie vorsichtig aus dem Ballen heraus. Ballentücher müssen Sie vor dem Pflanzen öffnen, auch dann, wenn es sich um verrottbare Jute oder ein ähnliches Gewebe handelt. Das Ballentuch sollten Sie vollständig entfernen, wenn nicht sicher bekannt ist, ob es aus einem verrottbaren Material besteht. Auch schwarze Kunststoff-Folienbeutel müssen Sie vor dem Pflanzen vorsichtig mit einem scharfen Messer aufschneiden und vom Ballen entfernen.

Dekorative Pflanzgefäße gibt es in reicher Auswahl.

Fertige Pflanzerden

Fertige Erden können zur Zitruspflanzenkultur verwendet werden, wenn sie nicht nur aus Torf bestehen. Der gekauften Erde kann 20 % Sand oder ein wenig Lehm zugesetzt werden. Der pH-Wert (meist auf dem Beutel vermerkt) sollte weder unter 5,5 noch über 6,5 liegen.

Umtopfen – leicht gemacht

Junge Zitruspflanzen stehen meistens in kleineren Töpfen oder Kübeln, weil sie so kostengünstiger transportiert werden können. Die Weiterkultur in diesen kleinen Gefäßen ist jedoch nicht ratsam. Das Wurzelwerk von ballierten Zitruspflanzen ist aus gleichem Grund häufig von geringem Umfang. Selbst gezogene Jungpflanzen werden in kleinen Gefäßen kultiviert, damit die Wurzeln den Ballen vollständig durchwachsen.

Topfen Sie in nur wenig größere Gefäße um. Wählen Sie den Durchmesser des neuen Gefäßes um etwa 20 % größer, damit der zusätzliche Raum gut durchwurzelt werden kann. Steht die Pflanze bereits in einem großen Gefäß, heben Sie sie aus dem Topf und schaben Sie die Erde am Rand des Ballens mit einem stumpfen Gegenstand ab.

An- oder abgebrochene Wurzeln müssen sauber abgeschnitten werden um ein gutes Durchwurzeln des ganzen Topfes zu erreichen. Gut durchwurzelte Pflanzen können während des ganzen Jahres umgetopft werden, doch ist die beste Zeit dafür das zeitige Frühjahr, gewöhnlich von Februar bis Mai, wenn die Pflanzen zu treiben beginnen.

Vorbereiten des Pflanzgefäßes

Wenn Sie einen gebrauchten Kübel verwenden wollen, müssen Sie ihn zuvor gründlich reinigen. Neue Terrakottagefäße sollten Sie vor der Verwendung einige Zeit wässern und spülen, damit eventuell vorhandene Salze fortgespült werden können. Auch saugen sich die Poren des Tones mit Wasser voll und entnehmen diese Feuchtigkeit später nicht dem Pflanzsubstrat.
Gebrauchte Pflanzgefäße aus Holz sollten Sie vor ihrer Verwendung desinfizieren. Ein probates Mittel ist das Ausflammen.

Das richtige Einpflanzen in das Pflanzgefäß

Legen Sie über die Abzugslöcher des Topfes Tonscherben oder ähnliche Gegenstände und befüllen Sie den Topf mit einer Dränageschicht aus grobem Kies, kleinen Steinen oder Tonscherben. Auf diese Schicht bringen Sie dann die Pflanzerde aus. Sie müssen darauf achten, die Pflanze ebenso tief zu pflanzen wie sie zuvor gestanden hat. Ansonsten könnten leichter Pilzinfektionen am Wurzelhals auftreten, die die Pflanze schädigen.
Das Substrat sollten Sie am besten bis 1 oder 2 cm unter dem oberen Topf-

DAS AUSPFLANZEN IN DEN GARTEN

Zitruspflanzen wachsen im Freiland besonders gut. Sollen sie daher nicht im Glashaus oder Wintergarten ausgepflanzt werden, sondern im Freien, müssen einige Punkte beachtet werden:
- Im Garten ist nur ein sonniger, windgeschützter Platz geeignet.
- Die Pflanzen sollten Sie idealerweise mitsamt einem speziellen Gittertopf in das vorbereitete Pflanzloch stellen und mit Erde abdecken. Eine zuvor eingebaute Dränageschicht kann schädigende Staunässe sicher unterbinden.
- Im Herbst, rechtzeitig vor den Frösten, müssen Sie die Pflanzen aus dem Boden nehmen und ins Überwinterungsquartier bringen.
- Die Dreiblättrige Orange und manche ihrer Hybriden können Sie an vielen Orten ganzjährig im Freien kultivieren. Sie sollten sie dann im Frühjahrpflanzen und besonders in den ersten Jahren während sehr kalter Winter abgedecken.
- Ein erstes Düngen sollte frühestens drei bis vier Wochen nach dem Pflanzen erfolgen. Einfacher ist es, in das Pflanzsubstrat gleich einen Dauerdünger einzuarbeiten.

rand fülleen, weil dadurch das Gießen erleichtert wird.
Bei größeren Kübeln (über 10 Liter Volumen) können Sie vom Topfrand ausgehend bis etwa 6 bis 10 cm vor dem Stamm eine wenige Zentimeter tiefe Gießmulde anlegen. Hierdurch bleibt der Wurzelhals auch nach dem Gießen trocken, was besonders den empfindlicheren stecklingsvermehrten Zitruspflanzen zugute kommt.

Die richtige Kultur

Kübelpflanzen sind besonders pflegebedürftig. Wasser und Nährstoffe können sie nicht aus tieferen und weiter entfernten Regionen des Bodens aufnehmen. Es muss ausreichend gegossen und gedüngt werden. Bei der Gabe von Wasser und Nährstoffen müssen Sie unter anderem die Größe des Kübels, das Alter und Volumen der Pflanze und die Jahreszeit berücksichtigen.

63

Der Hobbygärtner ist mit der fachgerechten Pflege von Zitrusgewächsen oftmals überfordert. Aber mit einigen Faustregeln sowie der steten Beobachtung der Pflanze, die zum Beispiel Mangelzustände oft deutlich anzeigt, gelingt ihm eine erfolgreiche Kultur von Zitruspflanzen, einschließlich erforderlicher Schnittmaßnahmen.

Wasser ist lebensnotwendig

Während der Wachstumsphase, etwa von April bis September, muss man regelmäßig gießen. Die beste Tageszeit hierfür ist der frühe Morgen oder der späte Nachmittag. Bestens eignet sich sauberes Regenwasser, aber auch Leitungswasser, wenn es nicht zu hart (kalkhaltig) ist. Die Wasserhärte kann gemessen oder beim zuständigen Wasserwerk erfragt werden. Gießwasser für Zitruspflanzen sollte 20° dH (Deutsche Härte) nicht überschreiten. Können Sie nur kalkhaltiges Wasser zum Gießen verwenden, müssen Sie es vorher enthärten. Hierzu wird etwa ein Liter reiner Torf in ein feinmaschiges Netz oder Stofftuch gewickelt. Dieser kleine Torfsack wird für zwei Tage in eine etwa 10 Liter fassende, mit Wasser gefüllte Gießkanne gehängt. Der Torf neutralisiert den Kalk, und das harte Wasser wird zu geeignetem Gießwasser. Einige Spritzer Essig in das Gießwasser erzielen eine ähnliche Wirkung.

Gärtnerarbeit (aus: „Nürnbergische Hesperides", J. C. Volkamer, 1708).

Gießen – das richtige Maß

Um die Pflanze nicht zu schädigen, darf das Substrat nicht austrocknen. Stauende Nässe ist für die Pflanze ebenfalls gefährlich. Die Wurzelspitzen könnten Schaden nehmen, sodass die Pflanze das Wachstum einstellt und schließlich eingehen kann. Besonders gefährdet sind Pflanzen in Übertöpfen ohne Abzugsloch. Hier müssen Sie eine kurze Zeit nach dem Gießen kontrollieren, gegebenenfalls müssen Sie im Übertopf stehendes Wasser entfernen. Das gilt auch für Pflanzen, die auf Untersetzern oder in Übertöpfen im Freien stehen und einem Regenschauer ausgesetzt waren. Sollte der Boden ausgetrocknet sein, so reagiert die Pflanze durch Einrollen der Blätter oder durch ein schlappes Herunterhängen junger Austriebe und der Blätter. Wird jetzt gegossen, entsteht kaum ein Schaden. Auf jeden Fall ist zu trockener Boden nicht so schädlich wie länger anhaltende Staunässe. Der ausgetrocknete Boden muss gut durchfeuchtet werden. Zu diesem Zweck stellt man den Kübel in einen größeren dichten Behälter und gießt kräftig. Das durchlaufende Wasser sammelt sich am Boden und kann die Erde langsam von unten nach oben durchfeuchten. Die Pflanze sollte etwa 30 Minuten, aber nicht länger als zwei Stunden, in dem Wasserbad stehen bleiben.

Ohne Nahrung kein Leben

Für ein gutes, gesundes Wachstum benötigen Zitruspflanzen während der Wachstumszeit verschiedene Nährstoffe. Zu Beginn der Wachstumsphase sollten sie mit einem Volldünger mit Spurenelementen versorgt werden. Die weiteren Düngergaben sind von Größe und Zustand der Pflanze abhängig. Faustregel: Während der Wachstumszeit wöchentlich einmal mit einem flüssigen Volldünger düngen; etwa 5 ml auf 10 Liter Gießwasser.

Mineralische Düngemittel
Mineralische Dünger sind schnell pflanzenverfügbar und damit auch schnell wirksam. Ihre Bestandteile können in unterschiedlichem Verhältnis vorhanden sein; bewährt zur Düngung von Zitruspflanzen während der

Wachstumszeit hat sich die Zusammensetzung N (Stickstoff) – P (Phosphor) – K (Kalium): 24–14–14. Neben Magnesium sind auch die Spurenelemente Bor, Kupfer, Eisen, Mangan, Molybdän und Zink unverzichtbar. Allerdings dürfen Sie mineralische Düngemittel keinesfalls überdosieren, da der Boden dann versalzt und die Pflanzen geschädigt werden können. Man unterscheidet:
– Düngerflüssigkonzentrate, die mit dem Gießwasser ausgebracht werden,
– auf den Boden zu streuende Volldünger,
– Depotdünger.
Wichtig: Achten Sie auf regelmäßiges Gießen, weil der Nährstofftransport nur bei feuchtem Substrat optimal erfolgt. Außerdem müssen Sie bei der Auswahl des geeigneten Depotdüngers bedenken, dass – von Ausnahmen abgesehen – nur bis maximal September gedüngt werden sollte.

Organische Düngemittel
Diese Dünger sind im Gegensatz zu mineralischen Zusätzen gewöhnlich nicht sofort verfügbar. Sie verbessern jedoch die Bodenstruktur und sind besonders bei regelmäßiger Anwendung empfehlenswert. Abgelagerter Pferdemist wurde schon in den Orangerien vergangener Jahrhunderte mit Erfolg angewendet. Aufgrund seiner gewöhnlich recht hohen Phosphorwerte kann Pferdemist das Blühen fördern.

Allerdings sollten Sie die Möglichkeit einer einseitigen Überdüngung beachten und auf zusätzliche Phosphorgaben verzichten. Auch heute noch ist im Frühjahr ein Abdecken großer Pflanzkübel mit gut abgelagertem Pferdemist zu empfehlen. Mit einer solchen Mulchschicht trocknet der Boden wesentlich langsamer aus und eine gute und ausgewogene Nährstoffversorgung ist gewährleistet. Im Handel erhältliche organische Düngemittel können Sie der Pflanzerde beimischen oder auf den Boden streuen und einarbeiten. Im Zusammenhang mit dem Risiko BSE-infizierter Dünger tierischen Ursprungs sollten Sie beim Kauf auf das Herkunftsland achten.

Stimulation zum Blühen und Fruchten

Es gibt verschiedene Methoden und Möglichkeiten, das Blühen und Fruchten von Zitruspflanzen zu fördern. Manche Blütenknospenbildung auslösende Vorgänge, wie das Abwerfen eines Teils der Blätter im Winter, geschehen sogar ohne unser direktes Zutun.

Einfluss der Düngung
Eine stark stickstoffbetonte Düngung kann einen kräftigen Wachstumsschub bei Zitruspflanzen auslösen, dieser geht jedoch auf Kosten der Blühwilligkeit. Verhaltene Stickstoffgaben mit einem phosphorbetonten Dünger oder dem Zusatz eines reinen Phosphordüngers fördern das Blühen und Fruchten. Geeignet ist hier vor allem Knochenmehl, das auf die Erde gestreut oder dem Pflanzsubstrat beigemischt wird. Auch Thomasmehl ist als Phosphordünger geeignet. Dieses Mittel erhöht durch seinen Kalkgehalt jedoch den pH-Wert des Bodens und ist deshalb nur bei sehr saurem Boden geeignet.

Einfluss des Laubabwurfs
Zitruspflanzen sind – bis auf *Poncirus trifoliata* – immergrün. Das bedeutet jedoch nicht, dass die Blätter immer an den Zweigen verbleiben. Die Blätter von Zitruspflanzen werden nach etwa drei Jahren abgeworfen. Aus den Knospen der Blattachseln wachsen dann neue Triebe, deren Blätter die abgeworfenen ersetzen. Wegen der Zeitspanne von etwa drei Jahren befinden sich stets Blätter unterschiedlichen Alters an den Pflanzen. Bei recht trockener Überwinterung

Gepflegte, gesunde Zitruspflanzen mit kräftig-grünem Laub und duftenden Blüten.

neigen manche Arten in unserem Klimabereich dazu, einen Großteil ihrer Blätter abzuwerfen. Manche Kübelpflanzenfreunde sind dann entsetzt und versuchen, diesem vermeintlichen Schaden mit kräftigem Gießen und Düngen zu begegnen. Doch solches Handeln wäre völlig falsch und könnte die Pflanzen vernichten. Der winterliche Abwurf der Blätter stellt gewöhnlich keinen Grund zur Beunruhigung dar. Denn werfen Zitruspflanzen im Winter ihr Laub ab, so wirkt sich dieses Phänomen auf die Blütenbildung im Frühjahr oft ausgesprochen positiv aus. Die betroffenen Zitruspflanzen werden wie üblich bei niedrigeren Temperaturen und fast trockenem Boden überwintert.

Im Frühjahr, bei steigenden Temperaturen, kräftigerem Licht, aber auch durch die »innere Uhr« der Pflanzen, zeigt sich der Neuaustrieb oft mit einer Vielzahl von Blütenknospen. Häufig setzt erst danach das Blatt- und Triebwachstum wieder ein. Besonders ausgeprägt ist die Blütenbildung bei Zitronen.

Natürlich kann der winterliche Blattfall auch andere Ursachen haben, die die Pflanze gefährden können. Sie werden auf den Seiten 85ff. ausführlich geschildert.

Tiefbinden von Ästen

Durch das Tiefbinden von Ästen und Zweigen kann man die Blütenbildung anregen, wie es auch bei unseren heimischen Obstgehölzen praktiziert wird. Der vegetative Zuwachs wird hierdurch gebremst, die Bäume bleiben also kleiner, was bei Kübelkultur von Vorteil sein kann und oft erwünscht ist. Wird dieses Verfahren bei Zitruspflanzen angewendet, darf man keinesfalls gleichzeitig stickstoffbetont düngen. Sonst könnte das Gegenteil von dem eintreten, was gewünscht wurde: Aus den oben liegenden Knospen des nach unten gebogenen Zweiges wachsen kräftige Triebe, die wasserschossähnlich ohne Blütenansätze in die Höhe schießen.

Sämlinge zum Blühen bringen

Neue Sorten werden unter anderem durch Sämlingsselektionen angezogen, die aus Kreuzungen bestimmter Elternpflanzen hervorgegangen sind. Da der Ertrag und die Erkenntnis über die Qualität der Neuzüchtung bei Sämlingen oft erst nach vielen Jahren erfolgt, werden Triebteile der Pflanze auf schwachwüchsige Unterlagen veredelt. Auf diese Weise wird das erste Blühen und Fruchten deutlich verfrüht. Auch selbstgezogene Zitrussämlinge kann man veredeln. Bei Verwendung der Dreiblättrigen Orange oder deren Varietät *Poncirus trifoliata* var. *monstrosa* (Flying Dragon) als Unterlage kann bereits nach zwei oder drei Jahren die Blüte einsetzen.

Übermäßiger Fruchtbehang

Einige Arten und Sorten neigen zu sehr reichem Fruchtansatz, zum Beispiel die Chinotto. Hier sollte man erst ausdünnen, wenn die Früchte etwa erbsengroß sind, weil die Pflanze oft selbst einen Teil der Früchte abstößt. Blühen und fruchten bereits sehr junge Pflanzen, entledigen sie sich oft ihrer gesamten erst stecknadelkopfgroßen Früchte, um das vegetative Wachstum zu fördern.

Ausfärbung der Früchte

Zur guten Ausfärbung von Zitrusfrüchten ist eine Periode mit nächtlich niedrigeren Temperaturen unter 16 °C notwendig. Apfelsinen und Zitronen aus dem Mittelmeergebiet sind von ansprechender Färbung, weil dort zur Haupterntezeit im Winter nachts recht niedrige Temperaturen vorherrschen. Zitrusfrüchte aus Regionen mit hohen Temperaturen und solche aus tropischem Klima bleiben meist grünlich und nehmen nur wenig die typische Fruchtfärbung an. So sind Verdelli-Zitronen im Reifezustand oft noch grün oder grüngelb, weil im Sommer auf Sizilien gewöhnlich auch nachts die Temperaturen recht hoch sind. Die Fruchtqualität wird dadurch nicht beeinträchtigt.

Schnittmaßnahmen

Um attraktive Kübelpflanzen zu erhalten, sollten junge Pflanzen von Anfang an beschnitten werden. Die Schnittarbeiten bei Zitruspflanzen, besonders bei solchen, die zur Kübelkultur vorgesehen sind, sind zwar in der Regel nicht aufwändig, sollten jedoch zur entsprechenden Zeit durchgeführt werden. Bei ausbleibendem Schnitt wachsen Zitruspflanzen so, wie es ihre genetische »Bestimmung« und die auf sie einwirkenden Umwelteinflüsse (Kulturbedingungen) bewirken.

So entstehen im oberen Bereich an langen Trieben nach einigen Jahren Blüten und Früchte. Die Zweige biegen sich unter dem Einfluss des Gewichtes der Früchte herab. An den nach oben weisenden Knospen der Zweige wachsen kräftige Triebe, die den unteren Bereich der Krone beschatten.

Auf diese Weise entstehen dichtverzweigte Pflanzen, die nur kleine Früchte hervorbringen und im unteren Bereich der Äste zum Verkahlen neigen. Der natürlichen Fortpflanzung der Zitruspflanzen ist diese Art des Wachsens zwar nicht hinderlich, von uns allerdings kaum gewünscht, denn ansehnliche große und schmackhafte Früchte werden so gewöhnlich nicht heranwachsen. Außerdem werden unsere ästhetischen Erwartungen in der Regel dann nicht erfüllt.

Entspitzen

Einige Arten neigen bei guter Nährstoffversorgung zur Bildung einzelner starkwachsender Triebe, die aus der Krone beziehungsweise dem Busch herauswachsen und damit die Form verunzieren können. Hierzu zählen die Zitrone, die Zedratzitrone und die Mini- oder Hongkong-Kumquat. Zeigt sich im Verlauf der Vegetationsperiode die Ausbildung eines stark wachsenden Triebes, sollte man diesen sogleich zurück-, aber nicht fortschneiden. Er wird so zur Verzweigung angeregt. Man darf mit dem Entfernen solcher Triebe nicht bis zur üblichen Schnittzeit im Frühjahr warten, weil der Trieb bis dahin schon erhebliche Ausmaße angenommen haben kann und nach seinem Entfernen eine unansehnliche Lücke hinterließe. Auch die Calamondin, die am Zimmerfenster kultiviert wird und nahezu das ganze Jahr über wachsen kann, wird durch Entspitzen der Triebe klein und buschig gehalten.

Rückschnitt

Sehr stark wachsende oder lange nicht beschnittene Pflanzen müssen aus praktischen und optischen Gesichtspunkten zurückgeschnitten werden. Kübelpflanzen werden sonst unattraktiv; zudem ist das Überwintern wegen ihrer sparrigen Krone mit großem Platzbedarf verbunden. Die Schnittstellen sollten Sie mit einem Wundverschlussmittel verstreichen. So können Sie Infektionen und übermäßigem Verdunsten von Flüssigkeit vorbeugen. Ältere, natürlich gewachsene Zitrusbüsche bedürfen erheblich weniger Schnittmaßnahmen. Hier kann es genügen, im Frühjahr vor dem Austrieb störende Äste und Triebe fortzuschneiden. Wurde die Dreiblättrige Orange frei ausgepflanzt, benötigt sie gewöhnlich keinen Schnitt. Lediglich störende Triebe werden im Winter entfernt.

Richtig überwinten

In den lichtärmeren Wintermonaten benötigen Zitruspflanzen in der Regel nicht nur einen besonderen Standort, sondern es ändern sich auch die notwendigen Pflegemaßnahmen, denn dies ist die schwierigste Zeit für sie.

Ansprüche an das Winterquartier

Die meisten Zitruspflanzen sind Arten der drei Gattungen *Citrus*, *Fortunella* und *Poncirus*. Die verschiedenen Arten der drei Gattungen sind hinsichtlich ihrer Überwinterungsansprüche recht unterschiedlich. So ist die Dreiblättrige Orange, *Poncirus trifoliata*, in vielen Gebieten Nordeuropas winterhart. Leichter Frost, der von Pflanzen der Gattung *Fortunella* noch ohne Schaden vertragen wird, vernichtet die Sauren Limetten, *Citrus aurantiifolia*. Ausgehend von solchen Gegebenheiten, kann man Zitrusgewächse in drei Gruppen einteilen, für die unterschiedliche Überwinterungsbedingungen erforderlich sind (siehe Kasten Seite 74). Die empfohlenen Überwinterungstemperaturen sollten Sie annähernd einhalten. »Kalte Füße« können Zitruspflanzen erheblich schädigen.

Überwintern im Freiland

Zitruspflanzen der Gruppe 1 können an einer windgeschützten, möglichst nicht nach Norden gelegenen Stelle im Garten frei ausgepflanzt werden. Im Winter ist hier in den ersten Jahren aber zu empfehlen, die Wurzeln vor starken Frösten zu schützen – insbesondere an ungünstigeren windigen Standorten.

Am besten deckt man den Boden mit einer etwa 10 cm dicken Schicht aus Stroh, Tannen- oder Fichtenreisig ab. Der oberirdische Teil junger Pflanzen sollte ebenfalls mit ähnlichem Material abgedeckt werden. Nach zwei bis drei Jahren sind solche Vorsichtsmaßnahmen nur noch bei extremen Frösten notwendig. Einige Citrangen vertragen allerdings nur geringe Frostgrade.

Überwintern im Haus

Ein kühles, gut gelüftetes Überwinterungsquartier mit Temperaturen zwischen 5 und 10 °C ist für die meisten Zitruspflanzen ideal mit Ausnahme der in Gruppe 3 genannten Arten. Auch in Ober- und Mittelitalien müssen in Töpfen kultivierte Zitruspflanzen in der so genannten »Limonaie«, ein in den meisten Gärten vorhandener geschützter Raum, aufgestellt werden.

Stehen viele Pflanzen im Winterquartier dicht beieinander, sollte man sie bei größerem Fruchtbehang abernten, besonders dann, wenn die Früchte bereits reif sind. Auch sollten Zitruspflanzen nicht im gleichen Raum stehen, in dem man Äpfel oder anderes Obst eingelagert hat. Wegen der Ausdunstung von Ethylen kann es sonst leicht zu einem kompletten Blattabwurf der Pflanzen kommen.

Kleinere Pflanzen sowie einige der in Gruppe 3 aufgeführten Arten können auch auf einer Fensterbank im Wohn- oder Schlafzimmer den Winter verbringen. Große Fensterfronten ermöglichen sogar das Überwintern älterer, ausladender Pflanzen. Bei einer Überwinterung in einem Raum mit höheren Temperaturen muss allerdings ein beson-

Krankheiten und Schädlinge

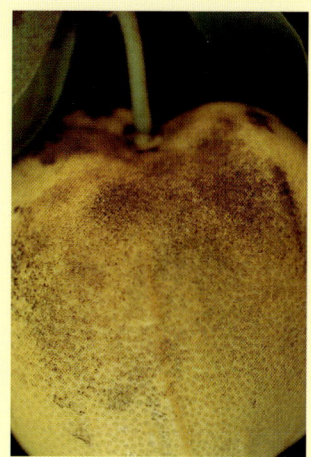

- **Schildlausbefall** kann besonders lästig werden, da sich auf den klebrigen Ausscheidungen (Honigtau) der Läuse gerne Rußtaupilze ansiedeln und die Pflanze sehr unansehnlich wird (siehe nebenstehendes Foto).
- **Nacktschnecken** werden vom Garten eingeschleppt und können den Pflanzen stark zusetzen, indem sie das Blattwerk dezimieren.
- **Pilzbefall** tritt oft bei zu hoher Luftfeuchtigkeit im kühlen Winterquartier auf. Besonders gefährdet sind Blüten, die von Grauschimmel befallen werden können. Dünnere Triebe stecklingsvermehrter Zitruspflanzen leiden oft unter Fusariumbefall. Wird dagegen nicht sofort etwas unternommen, stirbt die Pflanze ab. Dem lästigen Pilzbefall kann man am besten durch gutes Lüften und einer stets trockenen Substratoberfläche vorbeugen.
- **Staunässe** kann die Zitruspflanzen gerade während der kühlen Überwinterungsphase in recht kurzer Zeit erheblich schädigen und durch Wurzelfäulnis zum Absterben bringen.

Krankheitssymptome und ihre Ursachen

- **Gelbe Blätter** im Winter können auf einen Mangel an Spurenelementen wie Eisen oder Magnesium oder ein zu feuchtes oder zu kaltes Substrat hinweisen. Bei Spurenelementemangel sollte erst gedüngt werden, wenn die Pflanze zu wachsen beginnt. Auch Wurzelschäden können Blattverfärbungen hervorrufen.
- **Abfallende Blätter** schaden der Pflanze meist nicht. Sie können Anzeichen für nicht optimale Überwinterungsbedingungen sein. Dazu zählen in erster Linie ein deutlich zu trockener Boden, zu niedrige Bodentemperaturen und ein zu dunkler Standort.
- **Vertrocknende, an den Zweigen haften bleibende Blätter** sind ein Alarmzeichen. Die betroffenen Zweige und Äste sterben ab. Fusariumbefall kann sich in fortgeschrittenem Zustand auf diese Weise zeigen, ebenso Frost- und extreme Trockenschäden sowie eine Überdüngung mit mineralischen Düngemitteln.

ders heller Standort gewählt werden. Ist das Licht nicht ausreichend, sollte man außerdem mit einer geeigneten Pflanzenleuchte nachhelfen. Unverzichtbar ist auch eine sehr gute Belüftung des Überwinterungsraumes.

Sonstige Räume zur Überwinterung

Auch frostfreie, helle Veranden, Wintergärten, Glasanbauten, Gewächs- und helle Solarhäuser sowie Lauben eignen sich zur Überwinterung von Zitruspflanzen. Selbst

ÜBERWINTERUNGS-TEMPERATUREN FÜR ZITRUSPFLANZEN

Innerhalb der Gruppen befinden sich Pflanzen mit jeweils ähnlichen, aber keinesfalls gleichen Ansprüchen an die winterlichen Temperaturen. Die optimalen und niedrigst möglichen Überwinterungstemperaturen sind in hohem Maße

von der Kulturführung, dem Kleinklima und anderen individuellen Gegebenheiten abhängig. Daher ist die Angabe präziser Temperaturwerte nicht möglich.

1 Die Früchte der Dreiblättrigen Orange (*Poncirus trifoliata*) halten sich nach herbstlichem Blattfall noch lange an den Zweigen.

Gruppe 1:
Poncirus trifoliata, Dreiblättrige Orange; Flying Dragon, *P. trifoliata* var. *monstrosa*; *Poncirus*-Hybriden wie die Citrangen 'Carrizo', 'Troyer' und 'Rusk' (alle *P. trifoliata* × *Citrus sinensis*).

Überwinterungsbedingungen:
Alle Pflanzen dieser Gruppe sind frostverträglich.
P. trifoliata ist im Freiland winterhart. Gesunde, gut angewachsene Pflanzen können bis etwa −25 °C überstehen, unter günstigen Umständen auch noch darunter.

Viele *Poncirus*-Hybriden überstehen Temperaturen von −10 bis −18 °C.
Im Kübel kultivierte Pflanzen werden wie die aus Gruppe 2 überwintert.
Laubabwerfende Pflanzen können auch dunkel überwintert werden.

2 Unreife Früchte der Mauritius-Papedea , *C. hystrix*, werden als Mottengegenmittel in den Kleiderschrank gelegt.

3 *Citrus limetta* trägt saftig-süße Früchte.

Gruppe 2:
Fortunella spec., Kumquat-Arten;
Citrus limon, Zitrone;
Citrus sinensis, Apfelsine;
Citrus reticulata, Mandarine;
Citrus × paradisi, Grapefruit;
Citrus jambhiri, Rauschalige Zitrone;
Citrus aurantium, Pomeranze;
Citrus hystrix, Limette, Papeda;
Citrus ichangensis, Ichang-Papeda.

Überwinterungsbedingungen:
Diese Pflanzen bevorzugen im Winter Temperaturen zwischen 5 und 10 °C. Der Standort muss hell sein.

Gruppe 3:
× *Citrofortunella mitis*, Calamondin;
Citrus aurantiifolia, Saure Limette;
Citrus limetta, Römische Limette;
Citrus medica, Zitronatzitrone;
Citrus grandis, Pampelmuse.

Überwinterungsbedingungen:
Diese Arten werden im Winter am besten sehr hell bei 12 bis 18 °C gehalten. Bei ausreichendem Licht und guter Belüftung sind auch höhere Temperaturen möglich.

Die hier genannten Temperaturbereiche zur Überwinterung verschiedener *Zitrus*-Arten und verwandter Zitrusgewächse

sollten nach Möglichkeit eingehalten werden.

Die winterlichen, niedrigeren Temperaturen sind der Blütenbildung im Frühjahr förderlich.

Außerdem kompensiert die niedrigere Temperatur das geringere winterliche Lichtangebot in unseren Breiten bzw. die meist weniger hellen Standorte im Überwinterungsquartier.

Hausböden, Keller, Schuppen, Ställe sowie Garagen oder Treppenhäuser kann man mit ein wenig Geschick in taugliche Überwinterungsquartiere umwandeln. Vorsicht ist bei der Überwinterung von Zitruspflanzen in Schwimmbädern geboten, denn eine relativ hohe Dauertemperatur mit gleichzeitig hoher Luftfeuchtigkeit ist diesen Pflanzen nicht zuträglich und kann zu Problemen führen.

Was im Winter zu tun ist

Auch in den Wintermonaten brauchen Zitruspflanzen Aufmerksamkeit und Pflege, damit sie die lichtarme Zeit unbeschadet überstehen.

Heizen im Winter

Um den Pflanzen in ihrem Überwinterungsquartier optimale Voraussetzungen bieten zu können, ist eine **thermostatische Temperaturregelung** von großer Hilfe. Zum Beheizen des jeweiligen Raumes bieten sich sowohl **Elektroheizlüfter**, elektrisch betriebene **Ölradiatorheizungen** oder die in den meisten Wohnhäusern übliche **Zentralheizungsanlagen** an. Ein Lüfter ist in jedem Fall ein guter zusätzlicher Helfer zur Wärmeverteilung, gerade beim Einsatz der verschiedensten Konvektorheizgeräte.
Gasbetriebene Warmluftheizungen mit Schornsteinanschluss sind ebenfalls zu empfehlen. Sie sind zwar teurer in der Anschaffung und ihr Einbau

ist aufwändiger, die Heizqualität ist jedoch deutlich höher.
Gasheizlüfter (Baustellenheizgeräte ohne Abgasabführung) sind weniger geeignet. Kohlendioxid wirkt zwar positiv auf das Pflanzenwachstum, nicht jedoch bei überhöhter Konzentration. Bei ungenügender Lüftung reagieren Zitruspflanzen bei dieser Heizmethode auf die zunehmende Gasmenge bereits nach einiger Zeit mit komplettem Blattabwurf. Dieses sollte natürlich vermieden werden, auch wenn die Pflanzen nicht immer Schaden nehmen und im nächsten Frühjahr wieder austreiben.

Das optimale Licht

Immergrüne Zitruspflanzen benötigen auch im Winter ein gewisses Maß an Licht. Das Licht in einem Gewächshaus, Wintergarten oder vor einem Fenster reicht gewöhnlich aus. Steht jedoch nur ein kühler, dunkler Kellerraum oder eine fensterlose Garage zur Verfügung, muss mit einer geeigneten Beleuchtungseinrichtung zusätzlich für das nötige Licht gesorgt werden. Besonders eignen sich spezielle Leuchtstoffröhren verschiedener Hersteller, sie geben ein bläuliches Licht ab. Man kann die Lampen etwa 20 bis 40 cm über den Pflanzen an zwei Deckenhaken befestigen. Unter einer 40-Watt-Röhre können etwa sechs mittelgroße Pflanzen überwintern. Hier finden auch Geranien, Oleander, Lorbeerbüsche oder andere empfindlichere Pflanzen ein geeignetes Plätzchen für den Winter. Das Ein- und

Ausschalten zur erforderlichen 12-stündigen Belichtung übernimmt am besten eine Zeitschaltuhr.

Gießen und Düngen im Winter

Sie sollten nur soviel gießen, dass ein vollständiges Austrocknen des Substrats verhindert wird. Bei niedrigen Temperaturen brauchen Sie oft nur in Abständen von mehreren Wochen wenig gießen. Kleinere Töpfe müssen Sie häufiger überprüfen, da sie schneller austrocknen. Während der Wintermonate befinden sich die Pflanzen bei uns in einem Ruhestadium und nehmen keine oder nur wenige Nährstoffe auf. Daher wird während der Überwinterung kaum bzw. wenig gedüngt. Sofern die Pflanze auch im Winter wächst – was bei vielen Zitrusgewächsen der Gruppe 3 der Fall ist –, Blüten hervorbringt oder Blattaufhellungen erkennbar werden, sollten Sie mit einem Volldünger etwa im Abstand von vier bis sechs Wochen düngen. Allerdings beträgt die Aufwandmenge dann nur etwa ein Drittel der Düngergaben, wie sie während der Hauptwachstumszeit verabreicht werden.

Vom richtigen Lüften

Zur Überwinterung ist eine gute Belüftung notwendig. Bei auf der Fensterbank überwinternden Pflanzen genügt die normale tägliche Zimmerlüftung bei geöffnetem Fenster (sofern kein Frost herrscht). Die relative Luftfeuchtigkeit sollte zwischen 40 und 60 % betragen. Besonders trockene Luft befindet sich zumeist in beheizten Wohnräumen. Der Einsatz eines Luftbefeuchters oder Verdunsters schafft hier Abhilfe. Ein Besprühen der Zitruspflanzen mit weichem Wasser kann nicht grundsätzlich empfohlen werden. Gerade in kühleren Räumen kann diese Maßnahme den Befall mit Pilzkrankheiten fördern. Hohe Luftfeuchtigkeit, verbunden mit niedrigen Temperaturen und unzureichender Lüftung kann eine Zitruspflanze innerhalb eines Winters erheblich schädigen, auch in einem hellen Gewächshaus oder Wintergarten.

Wenn der Frühling naht

Die beste Zeit für einen Formschnitt an Zitruspflanzen ist kurz vor dem Austrieb, meist von Februar bis Mai. Zu dieser Zeit stehen die Pflanzen wegen Frostgefahr meistens noch im Überwinterungsquartier. Befinden sich die Pflanzen schon mehrere Jahre im selben Gefäß, können Sie sie nach der Winterpause in ein geeignetes Substrat und in etwas größere Töpfe umtopfen. Wenn die Pflanzen im Frühjahr auszutreiben beginnen, sollten Sie sie schon mit einem Volldünger düngen. So werden häufig gelbliche Blätter wieder durch ansehnliche grüne ersetzt.

Vermehren leicht gemacht

Es ist nicht schwer, Zitruspflanzen selbst zu vermehren. Mit ein wenig Übung und dem Wissen über die grundsätzlichen Zusammenhänge ist das Vermehren und Veredeln von Zitruspflanzen meist kein Problem.

Vermehrung aus Samen

Die Aussaat kann während des ganzen Jahres im Haus erfolgen. Die jungen Sämlinge werden bei einer Größe von etwa 10 cm einzeln in Töpfe gepflanzt und hell aufgestellt. Es kann lange, mitunter über zehn Jahre dauern, bis Sämlingspflanzen erstmals blühen. Die Früchte entsprechen nach Fremdbestäubung nicht denen, deren Samen ausgesät wurden, da die Samen das Erbgut beider Elternpflanzen enthalten. Doch keine Regel ohne Ausnahme: Durch das den Zitruspflanzen eigene Phänomen, nach erfolgter Aussaat Embryonen sowohl vegetativen als auch generativen Ursprungs nach erfolgter Aussaat auszubilden, können einige der entstandenen Pflanzen vegetativen Ursprungs sein und somit ausschließlich die Erbanlagen der Mutterpflanze besitzen (siehe auch Seite 7).

Für den fortgeschrittenen Zitruspflanzenhalter oder den Züchter bergen die den Zitruspflanzen eigenen Vermehrungsstrategien folgende Schwierigkeiten: Oft kann erst nach der ersten Fruchternte mit Sicherheit gesagt werden, ob es sich bei den herangezogenen Pflanzen um solche generativen Ursprungs handelt, die für weitere Züchtungsarbeiten geeignet sind. Handelt es sich aber um Pflanzen aus auf vegetativem Wege entstandenen Samen infolge von Nucellarembryonie, tragen sie nur das Erbgut der Mutterpflanze in sich und sind zur Züchtung neuer Sorten nicht geeignet.

Vermehrung aus Pflanzenteilen

Einige Arten lassen sich über Stecklinge oder durch Abmoosen vermehren (siehe Seite 81 und 82 oben).

Das Veredeln

Es ist die übliche und sicherste Vermehrungsart zur sortenechten Anzucht von Zitruspflanzen. Auf die Unterlage (Wurzelstock) wird die gewünschte Sorte veredelt, das so genannte Edelreis. Die Unterlage wird zumeist aus Samen angezogen. Sämlinge können bei optimaler Kultur nach ein bis zwei Kulturjahren veredlungsfähig sein. Viele Vorteile sprechen für das Veredeln. Veredelungsvermehrte Pflanzen passen sich den Kulturgegebenheiten an, sie können sortenecht vermehrt werden, sind weniger empfindlich gegenüber verschiedenen Pilz- und anderen Infektionskrankheiten, wüchsig, langlebig und frühfruchtend. Auch nicht oder schwer wurzelnde Sorten können vermehrt werden. Zitruspflanzen kann man während des ganzen Jahres veredeln, wenn man entsprechende Verfahren anwendet. Hobbygärtnern ist das Veredeln im Spätwinter zu empfehlen.

Geeignete Veredelungsunterlagen für Kübelkultur und Wintergarten
Um nicht zu stark wüchsige, aber gesunde Zitruspflanzen in Töpfen oder

1 Durch Stecklinge lassen sich Zitruspflanzen sortenecht vermehren. Eine günstige Zeit zur Anzucht aus Stecklingen ist das Frühjahr. Zum Stecken ist besonders der mittlere Bereich eines Triebes geeignet.

2 Der Steckling sollte eine Länge von etwa 7 bis 14 cm haben und mindestens vier Knospen aufweisen. Gesteckt wird in feuchte, ungedüngte Anzuchterde.

3 Im Gegensatz zu den unteren sollten die oberen Blätter am Steckling verbleiben, weil sie durch Assimilation den Anwachsprozess fördern. Handelt es sich jedoch um sehr großblättrige Stecklinge wie die der Grapefruit oder Pomelo, können diese Blätter auch eingekürzt werden. Hierdurch wird die Verdunstungsfläche verkleinert und die Stecklinge können dichter gesteckt werden.

4 Nach einigen Wochen, wenn der neue Austrieb bereits einige Zentimeter lang ist, kann in nährstoffreichere Erde umgetopft werden. Bei einjährigen Triebstücken von der Zitronatzitrone, *Citrus medica,* reicht es auch aus, sie im Frühjahr zum Bewurzeln nur in ein Glas Wasser zu stellen.

STECKLINGE – EIN SCHÖNES ANDENKEN AUS DEM URLAUB

Stecklinge, die Sie aus dem Urlaub mitgebracht haben, können Sie nach Ankunft im Hause bewurzeln lassen. Voraussetzung ist, dass sie die Heimreise lebend überstehen.

Dazu wird möglichst am letzten Urlaubstag von der gewünschten Zitruspflanze ein im vorigen Jahr gewachsener, unverzweigter kräftiger Trieb von 20 cm Länge geschnitten. Die Blätter werden eingekürzt, um die Verdunstung zu reduzieren. Der Transport erfolgt in einem feuchten Tuch.

ACHTUNG:

Infolge von Gesetzesänderungen auf EU-Ebene ist es nicht mehr gestattet, Zitruspflanzen und Vermehrungsmaterial aus Ländern außerhalb der EU einzuführen!

Vermehrung durch Abmoosen.
1: Die Markottage findet statt an dem gekennzeichneten Astabschnitt.
2: Der Ast wird eingekerbt, die Kerbe wird mit einem Steinchen offen gehalten.
3: Um die Einkerbung herum wird feuchtes *Sphagnum* gelegt und anschließend mit einer Kunststofffolie umwickelt. Bei Verwendung von Aluminiumfolie kann man das Festbinden unterlassen.
4: Nach 6 oder mehr Monaten wird der Verband entfernt. Es haben sich dann viele Faserwurzeln gebildet. Die abgemooste Pflanze wird unterhalb des Wurzelansatzes abgetrennt und in einen Kübel gepflanzt.

ausgepflanzt in Treibhäusern und Wintergärten zu kultivieren, sollte man geeignete Unterlagen verwenden. Viele der Unterlagen können selbst aus Samen gezogen werden:

– *Poncirus trifoliata*, Dreiblättrige Orange: Die übliche Unterlage für Zitruspflanzen in Kübeln. Sie ist schwachwüchsig und besonders kälte- und frostunempfindlich.

– *Poncirus trifoliata* var. *monstrosa*, Flying Dragon: Diese Unterlage ist besonders schwachwüchsig, ihre übrigen Eigenschaften entsprechen wie *P. trifoliata*.

– *Poncirus trifoliata* × *Citrus sinensis*, Citrange 'Rusk': Diese etwas schwächerwüchsige Citrangensorte ist als Unterlage für die Kübelkultur besser geeignet als die im Erwerbsgartenbau üblichen starkwachsenden Veredelungsunterlagen.

– *Citrus volkameriana*, Volkamer-Zitrone: Diese Unterlage ist häufig als wüchsige, gut verträgliche Unterlage anzutreffen.

Es können aber auch alle anderen aus Zitrusfrüchten entnommenen Samen zur Anzucht von Unterlagen verwendet werden.

Veredelungsverfahren

Die angewendeten Veredelungsverfahren richten sich nach der Jahreszeit, dem Reiser- und Unterlagenmaterial sowie der Dicke der Triebe. Häufig an-

WERKZEUGE ZUM VEREDELN

1. Eine sauber schneidende Gartenschere.
2. Ein scharfes Messer mit glatter, nicht biegbarer Klinge oder Rindenlöser (Veredelungsmesser).
3. Verbandmaterial wie Raffiabast, Gummiveredlungsband oder PE-Veredelungsstreifen.
4. Baumwachs (Wundverschlussmittel) zum Bestreichen der Schnittstellen.

1 Zeit: Spätwinter bis Frühjahr, im geeigneten Gewächshaus auch ganzjährig. Unterlage und Edelreis müssen den gleichen Durchmesser haben. Die Unterlage wird auf der gegenüber liegenden Seite eines Auges (Knospe) auf einer Länge von etwa 3 cm schräg angeschnitten.

2 Am Edelreis, das etwa drei bis vier Augen haben sollte, wird ein gleicher Schnitt vorgenommen. Die Blätter des Edelreises sollten bis auf den Blattstiel abgeschnitten werden.

3 Unterlage und Reis werden an der Schnittstelle zusammengefügt und verbunden.

4 Der Veredelungsbereich und die obere Schnittstelle des Edelreises werden mit Baumwachs zum Schutz gegen Austrocknen und Schädlingsbefall verstrichen.

gewandt werden das Okulieren, Chippen, Kopulieren, Anschäften und Pfropfen. Generell sollte das knapp bleistiftstarke Edelreis kräftig, unverzweigt und möglichst rund sein. Geschnitten wird es kurz vor dem Veredelungstermin. Das Kopulieren wird zum einfachen Nachmachen in den oben stehenden Abbildungen Schritt für Schritt erklärt.

Die Weiterkultur erfolgt hell bei Bodenwärme und höherer Luftfeuchtigkeit. Hat der Austrieb eine Länge von etwa 10 cm erreicht, wird in größere Töpfe mit nährstoffhaltiger Erde umgetopft.

Krankheiten und Schädlinge

Der beste Pflanzenschutz ist der vorbeugende durch optimale Kulturbedingungen. Pflegefehler bei der Kultur von Zitrusgehölzen sind in unseren Breiten die Hauptursache für unansehnliche, kranke und schädlingsbefallene Pflanzen.

85

Tipps zum Pflanzenschutz

Die großen Zitrusplantagen in den Erzeugerländern haben nicht selten mit pathogenen Erregern zu kämpfen. Dort können bestimmte Erreger wie das Zitrus-Tristeza-Virus (CTV) sowie die zu Zwergwuchs führende Exocortis, eine ebenfalls durch Viren verursachte Erkrankung, erhebliche Schäden anrichten.

Bei uns treten diese Zitruskrankheiten gewöhnlich nicht auf, es sei denn durch eingeschlepptes, infiziertes Material. Daher sollten aus dem Urlaub mitgebrachte Reiser nicht »wild in der Landschaft« geschnitten werden, sondern von speziellen Gärtnereien stammen. Auch müssen die gesetzlichen Bestimmungen beachtet werden (siehe auch Seite 81).

Pflegefehler erkennen

Wer seinen Zitruspflanzen die notwendige Aufmerksamkeit schenkt, wird Pflegefehler sicher sehr schnell bemerken. Die Pflanzen zeigen häufig durch verschiedene äußere Veränderungen an, dass ihnen etwas fehlt (siehe auch Seite 63ff).

Gelbe Blätter

Nicht selten treten chlorotische Blattverfärbungen ins Hellgelbe oder gar Weiße auf, besonders an jungen Austrieben. Häufig sind Pflegefehler die Ursache für helle Blätter: Dauernasser, kalter Boden kann die Wurzeln vornehmlich im Winter, aber auch zu jeder anderen Jahreszeit zum Absterben bringen. Dieses äußert sich anfangs in chlorotischen Verfärbungen, weil die geschädigten Wurzeln keine Nährstoffe transportieren können.

Braune Blattränder und Flecken

Dieses Schadbild deutet auf Kaliummangel hin. Auch bei nassem Boden können solche Anzeichen auftreten.

Braunfleckige Blätter, vertrocknende Blattspitzen

Das sind deutliche Zeichen für einen Sonnenbrand. Häufige Ursache: Die

---

WENN SPURENELEMENTE FEHLEN

Bei hellen, gelblichen Blättern mit sichtbaren Blattadern kann Eisenmangel vorliegen. Mit entsprechenden Eisendüngern kann man den Mangel beheben, wenn der Boden nicht zu kalkhaltig ist. Ein hoher pH-Wert muss gesenkt werden, damit das Eisen für die Pflanze verfügbar ist. Darüber hinaus kann man Eisenmangel kurzfristig durch Spritzen mit einer Eisenchelatzubereitung bessern.

Auch ein Mangel an anderen Spurenelementen kann zu chlorotischen Blättern führen. Man sollte immer mit einem Volldünger düngen, der auch alle Spurenelemente enthält. Die Anwendung eines physiologisch sauer reagierenden Düngers ist gewöhnlich zwar auch möglich, wegen der Schwierigkeit einer genauen Bemessung sollte man jedoch andere Maßnahmen zur Absenkung des pH-Wertes anwenden.

Pflanzen werden vom mäßig belichteten, luftfeuchten Überwinterungsquartier gleich in die pralle Sonne gestellt. Auch ein Übersprühen von sonnig stehenden Pflanzen mit Wasser kann zu Verbrennungsschäden führen.

Eingerollte Blätter

Eingerollte und trocknende Blätter zeigen einen zu trockenen Boden an. Befinden sich die eingerollten Blätter nur an einem Zweig und fallen sie nicht ab, sondern vertrocknen, kann es sich auch um eine fortgeschrittene Pilzinfektion handeln. Diese kann dann nur noch mit einem radikalen Rückschnitt und anschließender Behandlung mit einem Fungizid behandelt werden.

Dunkel- bis blaugrüne Verfärbungen der Blätter

Dieses Schadbild, verbunden mit Blüten- und Fruchtfall, kann ein Hinweis auf Phosphormangel sein.

Wachstumsstockungen, Blattrandnekrosen, verkrüppelte, oft gelbliche Blätter

Diese Erscheinungen sind typisch für eine Bodenversalzung, die durch Überdüngung hervorgerufen worden sein kann. Auch winterliche Gaben von Nährsalzen können Ursache für dieses Schadbild sein. Betroffene Pflanzen müssen zurückgeschnitten und in ein geeignetes Pflanzsubstrat umgepflanzt werden. Falls erforderlich, muss der Ballen vor dem Um-

pflanzen ausgespült werden. Erfolgen diese Maßnahmen zu spät, kann die Pflanze eingehen.

Gummifluss und braune Harzabsonderungen

Tritt Gummifluss an der Veredelungsstelle auf, kann das auf eine nicht ausreichende Affinität oder ein schlechtes Verwachsen beider Veredelungspartner hindeuten. Eine Pilzinfektion kann ebenfalls für Gummifluss verantwortlich sein. Sie zeigt sich an abgestorbenem Kambiumgewebe im betroffenen Bereich. Auch ein Mangel am Spurenelement Kupfer kann Gummifluss verursachen.

Blattfall und absterbende Zweige

Gerade im Winterquartier ist ein stärkerer Blattfall nicht selten. Das liegt gewöhnlich an ungünstigen Kulturbedingungen. Stark betroffen sind Pflanzen, die in der Wohnung ohne die notwendige Zusatzbeleuchtung überwintert werden. Auch für ein Vertrocknen ganzer Astpartien kann Lichtmangel oder auch ein zu kalter Standort die Ursache sein.

Plötzliches Absterben von Zweigen und Ästen

In den hiesigen Orangerien sind durch dieses Phänomen in jüngster Vergangenheit viele alte, wertvolle Pomeranzen eingegangen. Dafür verantwortlich ist nach neuesten Untersuchungsergebnissen ein eingeschleppter Pilz namens *Colletotrichum* spec., der in erster Linie geschwächte Organismen befällt. Die befallenen Pflanzenteile müssen sofort bis ins gesunde Holz zurückgeschnitten werden. Anschließend ist die ganze Pflanze mehrfach hintereinander mit einem Fungizid zu behandeln; sie sollte nicht beregnet werden.

Was tun bei Schädlingsbefall?

Ist die Pflanze erst einmal erkrankt oder von Schädlingen befallen, so gilt es rasch zu handeln. Verschiedene

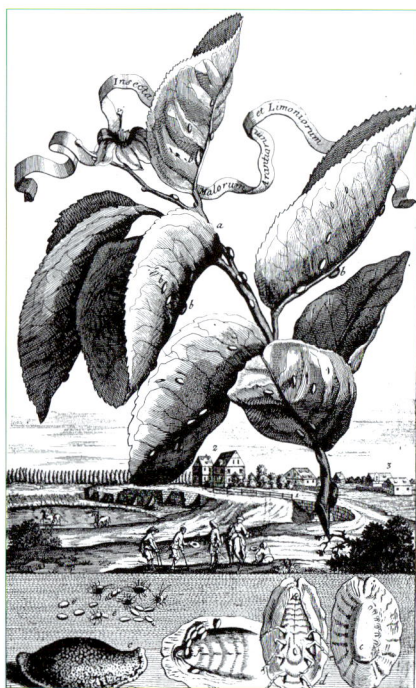

Schildlausbefall – ein altbekanntes Problem (aus: „Nürnbergische Hesperides", J. C. Volkamer, 1708).

mechanische, biologische und chemische Behandlungsmöglichkeiten stehen zur Auswahl.

»Erste Hilfe«

Bei frühzeitiger Entdeckung tierischer Schädlinge wie Schildläusen ist ein manuelles Entfernen möglich. Bei kleineren Pflanzen können Sie die befallenen Blätter und Zweige mit einer Spülmittellösung vorsichtig abwaschen. Es ist ratsam, das Erdreich des Topfes vorher abzudecken, damit der Boden unbelastet bleibt. Bei noch nicht zu weit fortgeschrittenem Pilzbefall wird der betroffene Bereich bis ins gesunde Holz herausgeschnitten und anschließend mit einem fungizidhaltigen Wundverschlussmittel sorgfältig verstrichen. Bei stärkerem Befall muss der ganze Trieb unterhalb der befallenen Stelle abgeschnitten werden.

Biologischer Pflanzenschutz und Stärkungsmittel

Pflanzenteile bestimmter Kräuter, die unterschiedlich aufbereitet werden, sind zum Teil als so genannte Pflanzenstärkungsmittel im Handel. Die notwendige oder gewünschte Wirksamkeit ist jedoch nicht immer gegeben und muss kurzfristig kontrolliert werden, um möglicherweise wirksamere Maßnahmen zu ergreifen. Auch auf Nebenwirkungen ist zu achten.

Einsatz von Nützlingen

Schädlinge wie Blattläuse, Weiße Fliege, Spinnmilben, Thripse, Wollläuse,

- **Brennnesselbrühe**, *Urtica dioica*, wirkt gegen **Blattläuse**.
  Zubereitung: Einen 10-Liter-Eimer mit Brennnesseln und Wasser füllen und 24 Stunden an einem schattigen Platz stehen lassen, anschließend durch ein Sieb abgießen.
- **Wermut**, *Arthemisia absinthicum*, hilft bei der Bekämpfung von **Milben, Raupen** und **Läusen**.
  Zubereitung: Den Boden eines 10-Liter-Eimers mit grob zerschnittenem Wermutkraut bedecken, mit 10 Liter kochendem Wasser übergießen und 20 Minuten ziehen lassen. Nach Abkühlung 1:2 bis 1:3 mit Wasser verdünnen und die betroffenen Pflanzen damit besprühen.
- Aus **Tomatenblättern**, *Lycopersicon esculentum*, lässt sich ein Extrakt herstellen, der bei **Pilzerkrankungen** hilft.
  Zubereitung: Tomatenblattbrei mit Wasser übergießen und eine Stunde stehen lassen, anschließend filtern. Die Flüssigkeit kann als Spritzmittel oder zum Angießen verwendet werden. Ein Verträglichkeitstest sollte zuvor durchgeführt werden.
- Das aus dem **Neembaum**, *Azadirachta indica*, gewonnene Neemöl wirkt gegen **tierische Schädlinge**. Dieses Mittel ist für Menschen ungefährlich.

Trauermücken und Dickmaulrüssler können auch durch den Einsatz von Nützlingen wie Schlupfwespen, Gallmücken, Raubmilben, Raubwanzen und Nematoden bekämpft werden. Voraussetzung für den Erfolg sind dabei bestimmte Kulturbedingungen (z. B. Temperaturbereich, Helligkeit, geschlossenes System).

Chemischer Pflanzenschutz

Chemische Pflanzenschutzmittel werden gegen tierische Schädlinge (zum Beispiel Insektizide, Akarizide, Molluskizide) und gegen Pilze (Fungizide) eingesetzt. Sie sind hochwirksam, gelegentlich zeigen die Schädlinge jedoch Resistenzerscheinungen und werden nicht mehr abgetötet. Zu den chemischen Mitteln zählen auch die umweltschonenden Mineralölspritzmittel sowie Netzmittel und Seifenlösungen.

Typische Schädlinge und ihre Bekämpfung

Schnecken

Junge Blätter sind für Nacktschnecken ein Festmahl.

Schneckenfraß: Nacktschnecken zählen zu den gefürchteten Zitrusschädlingen.

Larven des Dickmaulrüsslers schädigen die Wurzeln, die Käfer zerfressen die Blätter.

Bekämpfung: Absammeln oder Fallen aufstellen. Zu diesem Zweck werden bechergroße Gefäße ebenerdig eingegraben und bis zum Rand mit Bier oder einem anderen Lockstoff gefüllt. Der Geruch zieht die Schnecken an, die dann in das Gefäß fallen und verenden.

Bei starkem Befall helfen verschiedene chemische Bekämpfungsmittel (Molluskizide), die als Lockmittel und Fraßgift wirken. Sie sollten jedoch im Freiland mit Rücksicht auf andere Schneckenvertilger (Igel, Vögel) nicht angewendet werden.

Mäuse – auch im Kübel

In großen Kübeln nisten zuweilen Wühlmäuse.

Bekämpfung: Die einfachste Methode ist das Fluten. Mit einem Wasserschlauch wird so lange Wasser in den Kübel geleitet, bis er überläuft. Schnell werden die Mäuse ihr Versteck verlassen, um nicht zu ertrinken.

Nematoden

Seltener treten Nematoden im Pflanzsubstrat von Kübelpflanzen auf. Diese kleinen, farblosen Fadenwürmer können Wurzeln erheblich schädigen.

Bekämpfung: Vorbeugen kann man durch Verwendung gedämpfter beziehungsweise sterilisierter Erde. Ein Befall wird durch Bodenaustausch bekämpft. Bei Befall des Pflanzsubstrates im Wintergarten muss unter Umständen die gesamte Erde erneuert werden, denn von einer chemischen Bodenentseuchung ist dort abzuraten.

Dickmaulrüssler

Der Gefurchte Dickmaulrüssler, *Otiorhynchus sulcatus*, frisst nachts die Blätter von Zitruspflanzen und anderen hartlaubigen Gewächsen vom Rand her an. Außerdem schädigen die im Boden lebenden, bis zu 1 cm langen, gelblichen Larven die Wurzeln erheblich.

Bekämpfung: Durch nächtliches Absammeln der Käfer, auf Insekten wirkende Fraßgifte oder Bodenaustausch. Inzwischen sind auch insektenparasitierende Nematoden *(Heterorhabditis)* als biologische Schädlingsbekämpfung gegen Larven des Dickmaulrüsslers verfügbar.

Auf Schildlaus- und Rußtaupilzbefall muss
während der Überwinterung geachtet werden.

Blattläuse

Bekämpfung: Wirksam sind Insektizide wie pyrethrumhaltige Mittel. Die
Herstellerangaben sind unbedingt zu
beachten!

Schildläuse

Anzutreffen sind sie oft unter den
Blättern und an den Zweigen. Die
klebrigen Ausscheidungen der Schild-
läuse, der Honigtau, sind ideale Nähr-
böden für Pilze, wie den Schwarzen
Rußtaupilz.
Bekämpfung: Mineralölspritzmittel,
starker Rückschnitt oder die Behandlung mit einem systemisch wirkenden
Insektizid.

Spinnmilben

Oft befindet sich Spinngewebe an den
Blättern und in den Blattachseln. Die
kleinen Spinnentiere ernähren sich
von dem Saft der Pflanze. Sie treten
stark in warmen, lufttrockenen Ge-
wächshäusern auf.
Bekämpfung: Abspritzen, mineralöl-
haltige Spritzmittel, Akarizide oder
der Einsatz von Raubmilben.

Ein kleiner Schmetterling, die Schnecken- oder
Saftschlürfermotte, ist die Geißel der Zitruspflan-
zen. Von Andalusien ausgehend, hat sie fast ganz
Spanien ergriffen und mit Pflanzenexporten auch
so manches Treibhaus im Norden unseres grenz-
offenen Europas. Seit einigen Jahren macht die
Plage nicht nur den Profis zu schaffen, sondern
lässt auch die Pflanzen der Hobbygärtner ihre
jungen Blätter und Blattknospen einrollen und ihr
Blattwachstum stagnieren. Die Folge ist, dass die
Bäumchen vor sich hinkümmern, bis sie mangels
Photosynthese langsam und sicher eingehen.
Schuld sind die Larven des Mini-Schmetterlings,
die die Blattadern perforieren und so die jungen
Blatttriebe langsam absterben lassen. Da der
Schädling jedes Jahr zwischen fünf und 13 Gene-
rationen produziert, kann nur eine hochwirksame
Behandlung die befallenen Bäume retten, wenn
eine größere Anzahl betroffen ist. Hilfreich ist offensichtlich nur der Wirkstoff Diflubenzuron. Er
wirkt als Fraßgift und hemmt die Entwicklung
des Raupenpanzers. In den Plantagen sind viele
Anwendungen nicht unüblich. Aus Sicht der Welt-
gesundheitsbehörde »Food an Agriculture Orga-
nisation« (FAO) sollen Rückstände auf dem Obst
für den Verbraucher jedoch ungefährlich sein.
Hobbygärtner sollten aber auf den Einsatz so
weit wie möglich verzichten. Befallene Triebspitzen sind sofort abzuschneiden und zu vernichten.
Umfangreicheren Befall bekommt man auf diese
Weise aber kaum unter Kontrolle.

Thripse

Silbrig glänzende bis gelbscheckige
Blätter weisen auf Thripsbefall hin.
Bekämpfung: Die Anwendung eines
geeigneten Insektizides mit dem
Wirkstoff Abamectin ist möglich.

Begriffserklärungen

Affinität: Verbindung zwischen Unterlage und Edelsorte (Edelreis, Auge). Verträglichkeit durch ausreichende verwandtschaftliche Beziehung muß vorliegen.

Alternanz: Variierender Fruchtansatz und somit unterschiedliche Ernteerträge von einem Jahr zum nächsten.

Art: Pflanzen mit gleichen Merkmalen und der Fähigkeit der gemeinsamen Fortpflanzung.

Bastard: Siehe Hybride.

Cultivar: Synonym für Sorte; Abkürzung (alt) = cv., stammt aus dem anglo-amerikanischen Sprachraum.

Edelreis: Trieb einer Edelsorte, der auf die Unterlage veredelt wird und die Fruchtsorte bestimmt.

Exocortis: Viruserkrankung von Zitruspflanzen, die an dem ungewöhnlichen gedrungenem Wuchs der befallenen Pflanze zu erkennen ist.

Hybride: Produkt einer Kreuzung.

Juvenil: Jugendlich, ein physiologischer Status von Zitrussämlingen.

Kambium: Teilungsfähiges Gewebe zwischen Holz- und Bastteil.

Klon (Syn. Selektion): Eine auf nichtsexuellem Wege entstandene Pflanze, die mit der Mutterpflanze identisch ist.

Markottage: Vermehrungsart, bei der ein nicht vollständig von der Mutterpflanze abgetrenntes Pflanzenteil überirdisch bewurzelt wird.

Monoembryonie: Samen mit nur einem einzigen, auf sexuellem Wege entstandenen Embryo.

Mutation: Plötzlich eingetretene Veränderung im Erbgut einer Pflanze oder eines Pflanzenteiles.

Nekrosen: Abgestorbene Gewebeteile, meist sind die Blätter betroffen.

Nucellarembryonie: Auf vegetativem Wege entstandene Embryonen in einem Samen. Sie können die auf geschlechtlichem Wege entstandenen Embryonen in ihrem Wachstum unterdrücken.

Phyllocnistis citronella: Schnecken- oder Saftschlürfermotte, deren Larven einer Nacktschnecke ähneln; Zitrusschädling.

Polyembryonie: In einem Samenkern befinden sich die Anlagen für mehrere Embryonen.

Sorte: Steht taxonomisch unterhalb der Art, durch züchteriche Bearbeitung entstanden, besitzt geringfügige genetische Abwandlungen gegenüber der Art, Synonym: Cultivar.

Selektion: Siehe Klon.

Tristeza: Eine Erkrankung von Zitruspflanzen, hervorgerufen durch Viren, die sich an einrollenden Blättern und am Herabhängen von Trieben zeigt. Die Pflanze macht einen »tristen« Eindruck.

Unterart: Eine sich nur unscharf abgrenzende Sippe innerhalb einer Art, Syn. Subspecies (Abkürzung: subsp.).

Unterlage: Wurzelstock oder Stamm, worauf die Edelsorte (das Edelreis) veredelt wird. Sie besitzt einen maßgeblichen Einfluss auf die Wüchsigkeit der Pflanze.

Varietät: Systematische Einheit unterhalb der Art. Varietäten werden nicht durch züchteriche Eingriffe erzielt, sondern kommen in der Natur ohne Ausbildung eines eigenen geografischen Gebietes vor (Abkürzung: var.).

Literaturhinweise

Vom Autor sind zu diesem Thema erschienen:

Schöne Kübelpflanzen, Münster 1990.
Früchte, Gemüse und Gewürze aus dem Süden, München 1990.
Pflanzen für den Wintergarten, München 1992.
Orangen, Zitronen und andere Citruspflanzen, 3. Auflage, München 1994.
Pflanzen vermehren, Niedernhausen 1996.
Zitruspflanzen, Hamburg 1998.
Veredeln, Obst- und Ziergehölze, Kübelpflanzen, München 2001.
Kübelpflanzen, Mobile Blütenpracht, Augsburg 1998.
Kübelpflanzen, Pflanzenschmuck für Balkon, Terrasse, Dachgarten, Augsburg 1998.

Weitere Literaturempfehlungen, nach Erscheinungsjahr aufgeführt:

FERRARI, G. B.: De Hesperidessive de malorum aureorum cultura et uso, Rom 1646.
VOLKAMER, J.C.: Nürnbergische Hesperides, 2 Bde. Nürnberg 1708–1714.
HUME, H.: *Citrus* Fruits, New York 1957.
REHM, S. u. ESPIG, G.: Die Kulturpflanzen der Tropen und Subtropen, Stuttgart 1984.
KRANZ, B.: Das große Buch der Früchte, München 1988.
REHM (Hrsg.): Handbuch der Landwirtschaft und Ernährung in den Entwicklungsländern, Bd. 3 u. 4, Stuttgart 1986 u. 1989.
REUTHER, W. ET AL: The *Citrus* Industry, Vol. 1–5, Riverside 1967–1989.
SAUNT, J.: Citrus Varieties of the World, Norwich 1990.
SAMLA, J.: Citrusy, 2 Bände, Brno 1990–1991.
OLIVER, P.: Success With Citrus, Avon 1993.
FRANKE, G.: Nutzpflanzen der Tropen und Subtropen, Band 2, Stuttgart 1994.
SCHIRAREND, C., HEILMEYER, M.: Die Goldenen Äpfel, Berlin 1996.

Bezugsquellen

Neben den nachfolgend genannten Spezialversendern werden Zitruspflanzen in vielen Spezialbaumschulen, Gartencentern, Fachmärkten und Pflanzenhandlungen angeboten.

Otto Eisenhut
CH–6575 San Nazzaro, Schweiz.

Ibero Import
Bahnhofstr. 12, 37249 Neu Eichenberg.

Samen & Töpfe
Spezialversand für Sämereien aus aller Welt, Postfach 52 06 04, 22596 Hamburg
(Sämereien für Zitruspflanzen und Unterlagenanzucht, Anzuchtzubehör).

Südflora Peter Klock
Stutsmoor 42, 22607 Hamburg
(Zitruspflanzen in großer Sortenvielfalt, Vermehrungsservice aus eigenem Mutterpflanzenbestand, Geräte und Werkzeuge zur Pflanzenvermehrung).

Interessengemeinschaft Citrusfreunde Europa
p. Adr. Steffen Reichel, Im Burgfeld 247, D-60439 Frankfurt am Main.

Register

Bildquellen

Bärtels, A., Waake: Seite 50/51.
Fotoarchiv Blumeninsel Mainau:
   Seite 33.
Klock, M., Hamburg: Seite 12, 13, 18,
   21 oben, 30, 39 oben, 45 oben, 47
   unten, 73.
Morell, E., Dreieich: Seite 32.
Reinhard, H., Heiligkreuzsteinach:
   Umschlagfoto klein, links, Seite 4/5,
   16/17, 62/63, 70/71, 84/85.
Reinhard, N., Heiligkreuzsteinach:
   Umschlagfoto groß.
Strauß, F., Au: Umschlagfoto klein,
   rechts.

Alle übrigen Bilder stammen vom Ver-
fasser.

Die Zeichnungen fertigte Thorsten
Klock, Hamburg, an.
Die Grafik Seite 10 stammt von Peter
Klock, Hamburg.

Die historischen Abbildungen auf den
Seiten 6, 34, 36, 64 und 88 wurden dem
Buch „Nürnbergische Hesperides" von
J. C. Volkamer, 1708, entnommen.

Die Deutsche Bibliothek–
CIP-Einheitsaufnahme

Ein Titeldatensatz für diese Publikation
ist bei Der Deutschen Bibliothek
erhältlich

ISBN 3-8001-3174-9 (Deutschland)
ISBN 3-7040-1829-5 (Österreich)

© 2001 Verlag Eugen Ulmer GmbH & Co.
Wollgrasweg 41, D-70599 Stuttgart
(Hohenheim)
© 2001 Österreichischer Agrarverlag
Druck- und Verlagsgesellschaft
m.b.H. Nfg. KG,
Achauerstr. 49A, A-2335 Leopoldsdorf

email: info@ulmer.de
Internet: www.ulmer.de
Printed in Germany
Lektorat: Karin Wachsmuth
Herstellung & DTP: Thomas Eisele
Repros: BRK, Stuttgart
Druck und Bindung: Appl, Wemding

Noch mehr Literaturempfehlungen.

Dieses umfassende Gartenbuch beantwortet kompetent alle Fragen: Wie plane ich meinen Garten richtig? Wie wird der Boden vorbereitet? Wie funktioniert das mit dem Düngen, dem Mulchen, dem Kompost? Wie wird gepflanzt, gepflegt, geschnitten? Wie schütze ich Pflanzen vor Krankheiten? Wie lege ich einen Rasen an, eine Blumenwiese, ein Blumenbeet? Welche Kübelpflanzen eignen sich für meine Terrasse? Wie lassen sich Pflanzen überwintern? ... und 1000 Antworten mehr. Dazu: Die schönsten Pflanzen aller Art im Überblick.
Das Ulmer Gartenbuch. W. Kawollek. 2001. Etwa 720 Seiten, über 1000 Farbabbildungen. ISBN 3-8001-6684-4.

Kübelpflanzen erfüllen uns den Traum von warmen, südlichen Ländern. Von der Freude an ihnen wird jeder erfaßt, der einmal begonnen hat, sich mit Kübelpflanzen zu beschäftigen. Das Buch hilft auch mit guten Ratschlägen und Hinweisen zur Kultur und Pflege.
Kübelpflanzen. Südländische Gehölze für die Kultur in Töpfen und Kübeln. W. Kawollek. 2. Auflage 1997. 435 Seiten, 296 Farbfotos, 32 Zeichnungen. ISBN 3-8001-6619-4.

Praktische Hinweise und 70 Anregungen für den Topfgarten auf Terrasse, Balkon oder im Garten: Mit Stauden, Zwiebelpflanzen, Gehölzen, Früchten und Steinen sowie getrocknetem Pflanzenmaterial werden Töpfe aus unterschiedlichen Materialen bepflanzt und arrangiert. Dieses Buch erzählt von der Vielfalt eines Topfgartens und gibt eine Fülle praktischer Hinweise.
Inspirationen für den Topfgarten. E. Fischer. 2001. 160 S., 137 Farbf. ISBN 3-8001-6676-3.

Die wenigsten Menschen haben die Zeit, um täglich mehrere Stunden im Garten zu arbeiten, um ihn für die Stunden des Ausspannens in Form zu bringen. Wer dennoch ein stimmungsvolles Ambiente mit vielen Blumen, Kräutern, Obst und Gemüse anstrebt, muss seine Gartentätigkeit besonders genau dosieren. Mit diesem Appell zu mehr Gelassenheit ist nicht gemeint, dass der Garten machen kann was er will. Vielmehr kommt es auf eine gute Planung und das Wissen an, wann man lenkend eingreifen sollte.
Ein Garten für Faulpelze. P. Beucher. 2000. 320 Seiten, 240 Farbfotos. ISBN 3-8001-3158-7.